이 책의 구성과 활용법

Step 1
마이-맵을 활용한 학습요점 정리

오늘 공부한 내용의 구성을 정리해 봅시다.

📢 마이-맵을 통해 내용의 단순화와 체계화를 통해 효율적인 학습을 할 수 있어요.

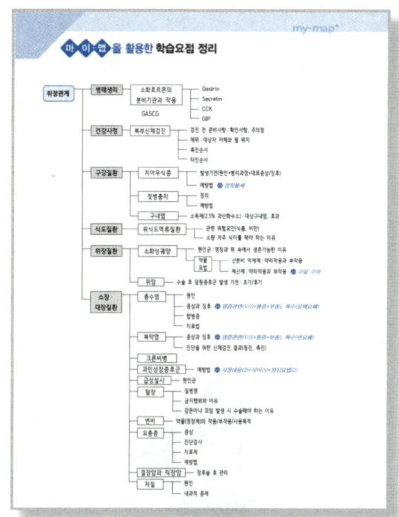

Step 2
개정학습 (개념정리학습)

오늘 공부한 키워드를 정리해 봅시다.

📢 괄호 넣기를 통해서 키워드에 집중학습을 할 수 있어요.
또한, 서답형 시험 문제 중 기입형 문항에 대한 대비를 할 수 있어요.
반복학습을 통해 완벽대비를 해보세요.
반복학습을 할 때마다 ✓☐☐☐☐ 표시를 해보세요.

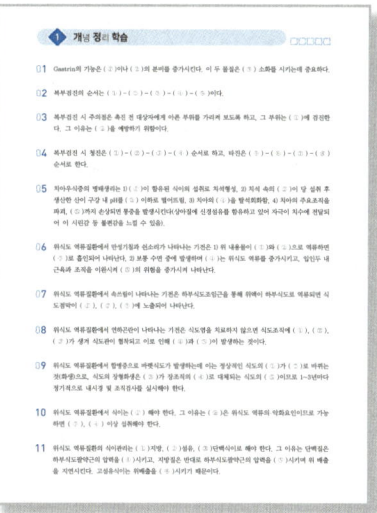

Step 3
개인학습 (개념인출학습)

오늘 공부한 중요 내용을 정리해 봅시다.

📢 정의와 요소 등에 관한 인출학습을 통해서 서답형 시험 문제 중 서술형 문항에 대한 대비를 할 수 있어요.
반복학습을 통해 완벽대비를 해보세요.
반복학습을 할 때마다 ✓☐☐☐☐ 표시를 해보세요.

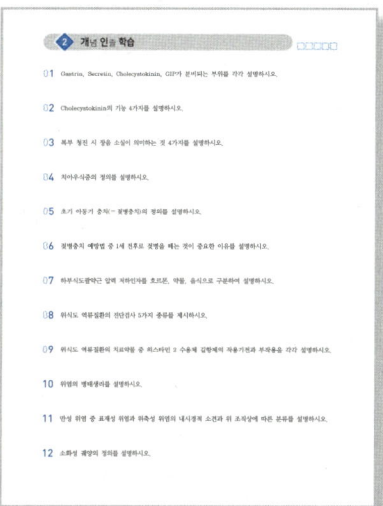

이 책의 구성과 활용법 3

이 책의 차례

이 책의 구성과 활용법 ··· 3

PART 06 소아질환, 성인간호 각론

제1장 위장관계 건강문제의 간호와 관리 ·································· 8

제2장 간·담도계 건강문제의 간호와 관리 ······························ 19

제3장 호흡기계 건강문제의 간호와 관리 ································ 27

제4장 심장계 건강문제의 간호와 관리 ···································· 38

제5장 혈관계 건강문제의 간호와 관리 ···································· 50

제6장 혈액계 건강문제의 간호와 관리 ···································· 57

제7장 근골격계 건강문제의 간호와 관리 ································ 64

제8장 신경계 건강문제의 간호와 관리 ···································· 73

제9장 내분비계 건강문제의 간호와 관리 ································ 82

제10장 신장·요로계 건강문제의 간호와 관리 ·················· 91

제11장 남성 생식기계 건강문제의 간호와 관리 ·················· 97

제12장 감각계 건강문제의 간호와 관리 ························· 100
    12-1 눈 건강문제 ··· 100
    12-2 귀 건강문제 ··· 106
    12-3 피부 건강문제 ··· 110

임수진
보건임용

PART 06

소아질환, 성인간호 각론

CHAPTER 01 위장관계 건강문제의 간호와 관리
CHAPTER 02 간·담도계 건강문제의 간호와 관리
CHAPTER 03 호흡기계 건강문제의 간호와 관리
CHAPTER 04 심장계 건강문제의 간호와 관리
CHAPTER 05 혈관계 건강문제의 간호와 관리
CHAPTER 06 혈액계 건강문제의 간호와 관리
CHAPTER 07 근골격계 건강문제의 간호와 관리
CHAPTER 08 신경계 건강문제의 간호와 관리
CHAPTER 09 내분비계 건강문제의 간호와 관리
CHAPTER 10 신장·요로계 건강문제의 간호와 관리
CHAPTER 11 남성 생식기계 건강문제의 간호와 관리
CHAPTER 12 감각계 건강문제의 간호와 관리

CHAPTER 01 위장관계 건강문제의 간호와 관리

영역		기출영역 분석
병태생리		위장관계의 구조와 기능
		소화호르몬의 분비기관과 작용(CCK, Secretin, Gastrin, GIP) 1995
건강사정	복부 신체검진	복통의 신체사정방법 5가지 2000
		복부 신체검진 방법(검사 전 준비, 촉진, 타진 순서, 팔의 위치, 체위) 2009
구강질환	치아우식증	발생기전 2000, 예방법 2000
	초기 아동기 충치 (= 젖병 충치)	정의 2017, 예방법 2017
	부정교합	
	치주질환	
	토순/구개열	
	구내염(구강감염)	소독제(2.5% 과산화수소) 1995
식도질환	비후성 유문협착증	
	위·식도 역류질환	커피, 차, 페퍼민트, 초콜릿, 술 등을 피해야 하는 이유 2019
		식사를 하루 4~6회, 소량 자주 식사를 하도록 하는 이유 2019
		비만이 위식도 역류질환에 미치는 영향 2019
	식도암	
	식도게실	
위장질환	위염	
	소화성 궤양	수산화마그네슘 약리작용(부작용 - 설사, 약리기전, 효과지속기간) 2019
		암포젤의 약리작용(작용 및 부작용) 2011
		시메티딘의 약리작용(기전 및 작용, 부작용) 2011, 히스타민 2 수용체 길항제의 약리작용 2019
		십이지장궤양 원인균의 명칭과 이 균이 위 속에서 생존가능한 이유 2023
	스트레스성 궤양	컬링궤양 1993
	위암	덤핑증후군 사례 2010, 환자 수술 후 합병증 중 초기 덤핑증후군과 후기 덤핑증후군의 기전 2017

소장·대장 질환	충수염	원인, 증상 및 임상검사 결과, 합병증 1992
		증상 및 징후, 치료법 1996
		증상 및 징후(로브싱 징후, 맥버니 지점 반동압통) 2011
		맥버니점(McBurney's point) 위치 확인을 위한 기준점으로 활용되는 뼈의 명칭 2021
		변완화제 사용이나 관장이 초래할 수 있는 위험 2021
	복막염	복통과 발열, 오심과 구토 외에 특징적인 증상 2006 , 진단을 위해 필요한 복부 청진과 촉진의 신체검진 결과 2023
	염증성 장질환	크론씨병 1992-보기 언급
		궤양성 대장염
	과민성 장증후군	예방법으로 보건교사가 교육해야 할 내용 2007
	폐쇄성 장질환	
	장중첩증	
	선천성 거대결장	
	급성 설사	원인균 1992
	탈장	질병명, 무거운 물건을 드는 행위/기침/변비를 조심해야 하는 이유, 감돈이나 꼬임으로 인한 합병증 발생 시 즉시 수술해야 하는 이유(2단계로 제시) 2025
	변비	약물(정장제-작용, 부작용, 사용목적) 1992
	요충증	증상, 진단검사(테이프검사), 치료제, 예방법 2012
	결장과 직장암	장루술 후 관리(정서적 지지, 피부보호 및 관리, 일상생활 적응 등) 2013
	치질	원인, 내과적 중재 2006

마이-맵을 활용한 학습요점 정리

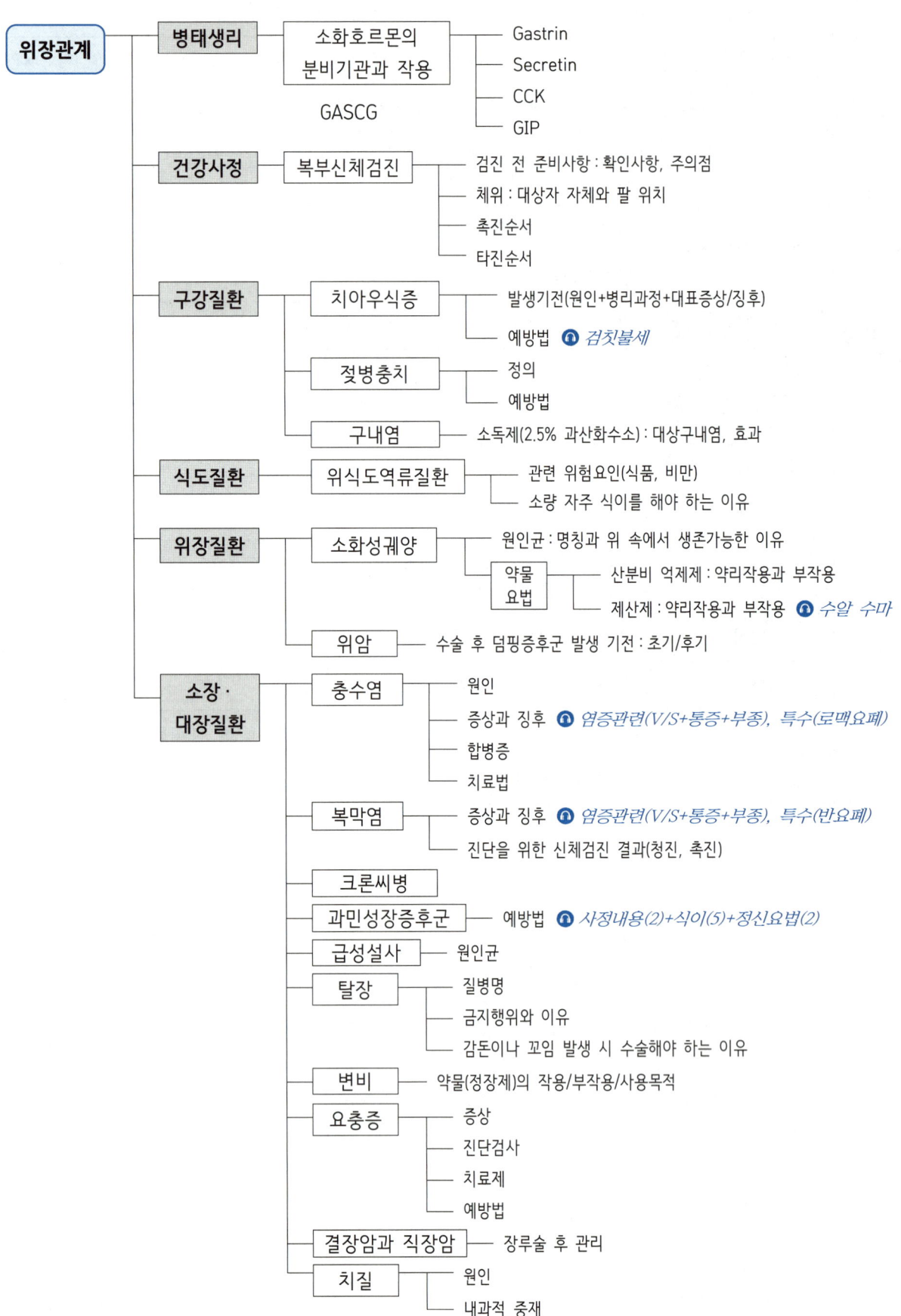

1 개념 정리 학습

01 Gastrin의 기능은 (①)이나 (②)의 분비를 증가시킨다. 이 두 물질은 (③) 소화를 시키는데 중요하다.

02 복부검진의 순서는 (①) - (②) - (③) - (④) - (⑤)이다.

03 복부검진 시 주의점은 촉진 전 대상자에게 아픈 부위를 가리켜 보도록 하고, 그 부위는 (①)에 검진한다. 그 이유는 (②)을 예방하기 위함이다.

04 복부검진 시 청진은 (①) - (②) - (③) - (④) 순서로 하고, 타진은 (⑤) - (⑥) - (⑦) - (⑧) 순서로 한다.

05 치아우식증의 병태생리는 1) (①)이 함유된 식이의 섭취로 치석형성, 2) 치석 속의 (②)이 당 섭취 후 생산한 산이 구강 내 pH를 (③) 이하로 떨어뜨림, 3) 치아의 (④)을 탈석회화함, 4) 치아의 주요조직을 파괴, (⑤)까지 손상되면 통증을 발생시킨다(상아질에 신경섬유를 함유하고 있어 자극이 치수에 전달되어 이 시린감 등 불편감을 느낄 수 있음).

06 위식도 역류질환에서 만성기침과 쉰소리가 나타나는 기전은 1) 위 내용물이 (①)와 (②)으로 역류하면 (③)로 흡인되어 나타난다, 2) 보통 수면 중에 발생하며 (④)는 위식도 역류를 증가시키고, 입인두 내 근육과 조직을 이완시켜 (⑤)의 위험을 증가시켜 나타난다.

07 위식도 역류질환에서 속쓰림이 나타나는 기전은 하부식도조임근을 통해 위액이 하부식도로 역류되면 식도점막이 (①), (②), (③)에 노출되어 나타난다.

08 위식도 역류질환에서 연하곤란이 나타나는 기전은 식도염을 치료하지 않으면 식도조직에 (①), (②), (③)가 생겨 식도관이 협착되고 이로 인해 (④)과 (⑤)이 발생하는 것이다.

09 위식도 역류질환에서 합병증으로 바렛식도가 발생하는데 이는 정상적인 식도의 (①)가 (②)로 바뀌는 것(화생)으로, 식도의 장형화생은 (③)가 장조직의 (④)로 대체되는 식도의 (⑤)이므로 1~3년마다 정기적으로 내시경 및 조직검사를 실시해야 한다.

10 위식도 역류질환에서 식이는 (①) 해야 한다. 그 이유는 (②)은 위식도 역류의 악화요인이므로 가능하면 (③), (④) 이상 섭취해야 한다.

11 위식도 역류질환의 식이관리는 (①)지방, (②)섬유, (③)단백식이로 해야 한다. 그 이유는 단백질은 하부식도괄약근의 압력을 (④)시키고, 지방질은 반대로 하부식도괄약근의 압력을 (⑤)시키며 위 배출을 지연시킨다. 고섬유식이는 위배출을 (⑥)시키기 때문이다.

12 위식도 역류질환일 때 커피, 차, 페퍼민트, 초콜릿, 술 등은 하부식도괄약근을 (①)시켜 위 내용물이 (②) 이동하게 하므로 금해야 한다. 왜냐하면 하부식도괄약근의 이완은 (③)에 의해 조정되고, (④)에 의해 이루어지기 때문이다.

13 위식도 역류질환을 개선하기 위해서는 (①)체중을 유지해야 한다. 왜냐하면 체중 (②)는 복압을 (③)시켜 위식도 역류를 증가시키기 때문이다.

14 만성 위염에서 악성빈혈이 나타나는 이유는 (①)의 흡수에 필수적인 (②)의 생산에 영향을 주기 때문이다.

15 소화성 궤양에서 헬리코박터 파이로리균은 (①)[urease, (②)를 분해해서 (③)를 만들어 위산을 중화시킴]를 생성하기 때문에 강한 위산이 분비되는 위 속에서 생존 가능하다.

16 소화성 궤양 유발요인 중 아스피린과 NSAIDs은 (①) 합성을 억제하여 위염, 소화성궤양을 발생시킨다.

17 소화성 궤양 유발요인 중 코르티코스테로이드는 (①)의 소모로 위점막 세포의 재생률 감소시켜 점막손상에 반응해서 마개를 형성하지 못하고 점막에서의 (②)과 (③)을 감소시킨다.

18 스트레스로 소화성 궤양이 발생하는 기전은 (①)신경 자극으로 (②)의 허혈, (③)신경 자극으로 염산 분비 증가, 코티졸의 분비 증가로 (④)과 (⑤) 분비 증가되기 때문이다.

19 흡연으로 소화성 궤양이 발생하는 기전은 췌장에서 (①)의 분비 저하, (②)감염 위험성 높이기 때문이다.

20 소화성 궤양의 진단검사 중 요소호기 검사의 원리는 ^{13}C-urea(탄산동위원소가 포함된 요소)를 포함한 Helicap을 물과 함께 섭취해서 (①)가 있으면 생성한 (②)가 ^{13}C-urea를 (③)와 (④)로 분해한다.

21 위암의 주요 위험요인은 (①)감염이다.

22 덤핑증후군을 예방하기 위해 식후 체위는 (①)이다. 그 이유는 음식물의 위내 정체시간을 (②)하기 위함이다.

23 위암 수술 후 나타날 수 있는 빈혈은 (①)과 (②)빈혈이다.

24 변연궤양이란 수술 부위인 (①)나 (②) 내의 수술 부위에 (③)이 접해 생기는 궤양이다. 이는 흉터로 인해 음식물의 통로 (④), (⑤), (⑥)이 생길 수 있다.

25 맥버니점의 위치는 (①)와 (②)을 연결한 가상선에서 (③) 지점이다.

26 충수염 초기에는 (①)(배꼽근처 또는 epigastric pain)에서 막연한 통증(마치 장운동이 경감되어 가스가 차는 것 같은 불편감으로 지각)이 시작되고, 염증 진행에 (②)로 이동해 (③)로 국한된 (④) 발생한다.

27 충수염 통증 시 (①)쪽 다리를 끌어올려 구부리는 이유는 통증 부위를 (②)하고 (③)을 완화하기 위함이다.

28 로브싱 징후의 검사법은 (①)를 향해 누운 상태에서 (②)을 밑에서 위로 훑듯이 (③)의 대칭부위인 (④)에 압력을 가하면 (⑤) 통증을 느끼는 것이다.

29 맥버니 징후의 검사법은 (①)을 눌렀다가 손을 떼면 눌렀던 부분이 (②)로 돌아오고 눌리지 않은 상태에서 (③) 통증, (④) 압통이 나타나는 것이다.

30 충수염 시 경미한 백혈구 증가증이 나타나는 이유는 염증 초기에 (①)에 여분으로 있던 (②)를 혈액 속으로 많이 내보내기 때문에 증가하고, 염증 지속 시 (①)에서 (②) 생산이 증가하기 때문이다.

31 충수염 시 천공예방을 위해 (①)물 찜질을 금기한다. 그 이유는 충수로 (②)을 증가시키고 (③)을 야기할 수 있기 때문이다.

32 충수염 시 (①)체위를 취하는 이유는 충수 파열 시 (②)의 압력을 감소시키고 (③)이 확산되지 않도록 하기 위함이다.

33 복막염 시 부종이 발생되는 기전은 (①) → (②) → (③) → (④)이다.

34 복막염 시 청진 시 (①), 촉진 시 (②)이 특징적으로 나타난다.

35 크론씨병에서 복통, 영양결핍으로 인한 체중감소 등이 전형적인 이유는 많은 영양분이 흡수되는 (①)과 (②)에서 주로 발생하여 염증조직과 궤양이 흡수를 방해하기 때문이다. 또한 궤양부분에서 나온 삼출물의 상실은 (③) 상실뿐 아니라 (④)이 생기거나 (⑤)을 일으키기 때문이다.

36 크론씨병에서 저잔여식이와 저지방식이를 해야 하는 이유는 (①)와 (②)는 장의 운동을 자극시키기 때문이다.

37 과민성 장증후군은 평균 주 (①) 이상의 복통이 (②) 전에 시작되고 지난 (③) 동안 반복되면서 (④) 이상의 동반 증상이 함께 있을 때 진단한다.

38 감염성 설사의 가장 흔한 원인은 (①)이다.

39 탈장 시 무거운 역기를 들거나 무거운 짐을 드는 행위를 피하고, 기침과 변비도 조심해야 한다. 그 이유는 복압이 (①)되어 탈장이 커지고 (②)이 발생할 수 있기 때문이다.

40 탈장 시 (①)이나 (②)으로 인한 합병증 발생 시 즉시 수술해야 한다. 그 이유는 꼬인 장 부분에 혈액 공급이 부족해지면, 빠르게 (③)되기 때문이다.

41 변비란 대장 연동운동의 저하로 원활한 배변운동을 하지 못해, 배변이 (①)에 (②) 미만인 것이다. 또는 (①)에 (③) 이상 배변을 해도 굳은 변을 보거나 배변 시 (④)이나 (⑤)이 동반되는 경우이다.

42 변비 시 하제 사용목적은 (①), (②), (③)일 때, 검사, (④) 처치에 사용한다.

43 요충증이란 사람 고유의 기생충인 (①)에 감염된 상태이다.

44 요충증 진단 시 테이프 검사란 셀로판테이프의 접착부를 (①) 주위 주름에 부착 후 떼어내서 셀로판테이프의 접착부를 (②)에 잘 펴 붙인 후 (③)로 충란을 확인하는 것이다.

45 장루 주위 피부는 (①)와 (②)로 닦는다. 주머니 부착 전 피부를 철저히 (③), (④) 도포한다.

46 장을 비운 후에 장루 주머니를 교환하면 교환하는 동안 (①)이 흘러나올 위험이 적고, 장루 주머니는 (②)마다 교환해야 한다.

47 치질의 위험요인(= 원인)은 (①), (②), (③), (④), 장기간 앉아 있거나 서 있는 자세, (⑤), (⑥) 등이다.

---

01 ① 염산 ② 펩시노겐 ③ 단백질
02 ① 문진 ② 시진 ③ 청진 ④ 타진 ⑤ 촉진
03 ① 마지막 ② 복근긴장
04 ① RLQ ② RUQ ③ LUQ ④ LLQ ⑤ RUQ ⑥ LUQ ⑦ LLQ ⑧ RUQ
05 ① 당 ② 뮤탄스 연쇄상구균 ③ 5.6 ④ 법랑질 ⑤ 치수
06 ① 인두 ② 구강 ③ 기관-기관지 ④ 누운 자세 ⑤ 흡인
07 ① 부식성 펩신 ② 산 ③ 담즙
08 ① 염증성 세포침윤 ② 섬유화 ③ 흉터 ④ 연하곤란 ⑤ 연하통증
09 ① 편평상피세포 ② 원주상피세포 ③ 식도세포 ④ 상피세포 ⑤ 전암병소
10 ① 소량 자주 ② 위장팽만 ③ 소량 자주 ④ 하루 4번
11 ① 저 ② 고 ③ 고 ④ 증가 ⑤ 감소 ⑥ 촉진

12 ① 이완 ② 식도 ③ 미주신경 ④ 뇌간기능
13 ① 정상 ② 증가 ③ 상승
14 ① 비타민 B₁₂ ② 내적인자
15 ① 요소분해효소 ② 요소 ③ NH₃
16 ① 프로스타글란딘
17 ① 단백질 ② 점액 ③ 중탄산
18 ① 교감 ② 위장관 혈관 ③ 부교감 ④ 염산 ⑤ 펩신
19 ① 중탄산염 ② H.pylori
20 ① H.pylori ② 요소분해효소 ③ 암모니아 ④ 이산화탄소
21 ① H.pylori
22 ① 누워있기 ② 길게
23 ① 철분결핍성 ② 악성
24 ① 연결 부위 ② 십이지장 ③ 위산 ④ 폐색 ⑤ 출혈 ⑥ 천공
25 ① 제대 ② 우측 전장골능 ③ 안쪽 3분의 2
26 ① 복부중앙 ② RLQ ③ 맥버니점 ④ 반동성 압통
27 ① 오른 ② 보호 ③ 복부긴장
28 ① 위 ② 하행결장 ③ 맥버니점 ④ 좌하복부 ⑤ 우하복부
29 ① 맥버니 지점 ② 제자리 ③ 날카롭게 찌르는 듯한 ④ 반동성
30 ① 골수 ② 백혈구
31 ① 더운 ② 순환 ③ 장천공
32 ① Semi-Fowler ② 장 ③ 염증
33 ① 장의 염증 부위로 혈액이 몰림 ② 연동운동 감소 ③ 장내에 체액과 공기 정체 ④ 복부팽만, 심한 통증 초래
34 ① 장음소실 ② 복부강직
35 ① 공장 ② 회장 ③ 단백질 ④ 잠혈 ⑤ 실제 출혈
36 ① 고섬유식이 ② 고지방식이
37 ① 1일 ② 6개월 ③ 3개월 ④ 두 가지
38 ① 로타 바이러스
39 ① 증가 ② 압통
40 ① 감돈 ② 꼬임 ③ 괴사
41 ① 1주일 ② 2회 ③ 3회 ④ 통증 ⑤ 출혈
42 ① 장 운동 촉진 ② 장 내용물 배설 ③ 급·만성 변비 ④ 대장 또는 직장 수술 전
43 ① 요충
44 ① 항문 ② 슬라이드 ③ 저배율
45 ① 중성비누 ② 물 ③ 말리고 ④ 보호제
46 ① 배설물 ② 3~7일
47 ① 변비 ② 설사 ③ 임신 ④ 울혈성 심부전증 ⑤ 문맥성 고혈압 ⑥ 간경변증

2 개념 인출 학습

01 Gastrin, Secretin, Cholecystokinin, GIP가 분비되는 부위를 각각 설명하시오.

02 Cholecystokinin의 기능 4가지를 설명하시오.

03 복부 청진 시 장음 소실이 의미하는 것 4가지를 설명하시오.

04 치아우식증의 정의를 설명하시오.

05 초기 아동기 충치(= 젖병충치)의 정의를 설명하시오.

06 젖병충치 예방법 중 1세 전후로 젖병을 떼는 것이 중요한 이유를 설명하시오.

07 하부식도괄약근 압력 저하인자를 호르몬, 약물, 음식으로 구분하여 설명하시오.

08 위식도 역류질환의 진단검사 5가지 종류를 제시하시오.

09 위식도 역류질환의 치료약물 중 히스타민 2 수용체 길항제의 작용기전과 부작용을 각각 설명하시오.

10 위염의 병태생리를 설명하시오.

11 만성 위염 중 표재성 위염과 위축성 위염의 내시경적 소견과 위 조직상에 따른 분류를 설명하시오.

12 소화성 궤양의 정의를 설명하시오.

13 위궤양, 십이지장궤양의 악화요인, 완화요인, 통증양상을 설명하시오.

14 소화성 궤양의 대표적인 합병증 3가지를 제시하시오.

15 소화성 궤양의 약물 중 수산화 알루미늄과 수산화 마그네슘의 작용기전과 각각의 대표적인 부작용을 설명하시오.

16 위암 수술 후 나타나는 합병증의 병태생리를 초기와 후기로 나누어 설명하시오.

17 충수염의 정의를 설명하시오.

18 충수염의 병태생리를 설명하시오.

19 맥버니 징후의 기전을 설명하시오.

20 로젠스타인과 던피징후를 각각 설명하시오.

21 요근징후와 폐쇄근 검사법을 각각 설명하시오.

22 복막염 시 복부 X-선 검사의 결과를 설명하시오.

23 크론씨병과 궤양성 대장염의 정의를 각각 설명하시오.

24 크론씨병의 약물요법 중 항생제 sulfasalazine의 효과를 설명하시오.

25 과민성 장증후군의 정의를 설명하시오.

26 과민성 장증후군의 진단기준 3가지를 제시하시오.

27 장중첩증의 병태생리와 특징적인 3대 증상을 설명하시오.

28 선천성 거대결장의 정의와 병태생리를 설명하시오.

29 탈장의 정의를 설명하시오.

30 하제 중 삼투성 완화제와 팽대성 완화제의 약리작용을 설명하시오.

31 요충의 감염경로를 설명하시오.

32 요충의 초기증상을 설명하시오.

33 구충제 mebendazole의 약리기전과 치료원칙을 설명하시오.

34 직장암과 병태생리를 설명하시오.

35 장루 간호 시 냄새 유발 식이와 가스 발생 식이를 각각 제시하시오.

36 치질의 정의와 병태생리를 설명하시오.

CHAPTER 02 간·담도계 건강문제의 간호와 관리

영역			기출영역 분석
병태생리	간·담도계 구조와 기능		
	췌장의 외분비선에서 분비되는 소화효소 1996		
	빌리루빈 대사		장내에서 무엇으로 변화되어 배설되는지 1996, 글루쿠론산전이효소(glucuronyltransferase)의 빌리루빈 대사작용 2023
간질환	황달		
	간경변증		병태생리(황달, 복수형성, 식도정맥류, 문맥성 고혈압, 간성혼수) 2009, 2010
		간성뇌병증	유발물질, 치료약물과 투여경로, 네오마이신 투여 목적 2022
	바이러스성 간염	A형간염	원인 및 전파경로, 치료법, 예방법 등 2010, 2013
			항체, 전파경로 2015
		B형간염	만성 B형간염 설명(병리, 유형, 간 생검 특성, 증상 등) 1996
			B형간염의 고위험군 6가지 1999
			치료(만성환자 치료 : 인터페론 알파), 원인과 전파경로, 법정 감염병, 적절히 치료하지 않았을 때의 예후 2013
	지방간		지방간을 조절하기 위한 자가관리방법 2005
	간암		원발성 간 신생물 중 악성 신생물 : 육종 1995
담도질환	담석증, 담낭염		총담관 조루술로 담즙이 유출됨으로써 나타나는 부작용 : 출혈성 소인 1995
			Murphy's sign 2011
췌장질환	급성 췌장염		징후 : 쿨렌징후, 터너징후 2011
	만성 췌장염		

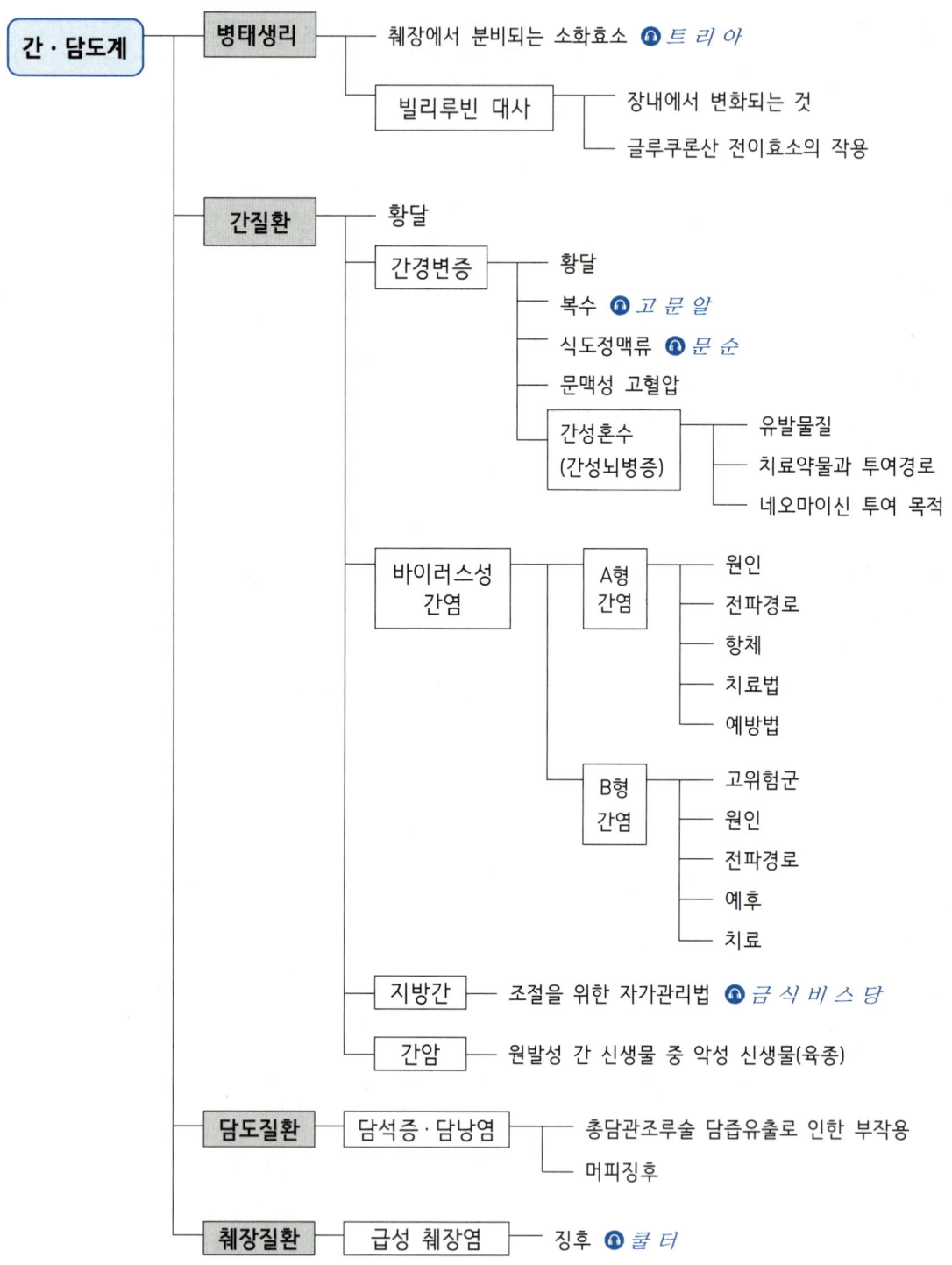

1 개념 정리 학습

01 췌장의 β세포에서는 (①)이 분비되고 이는 (②)을 (③)으로 전환하여 혈당을 낮춘다.

02 빌리루빈 대사 중 유로빌리노겐 형성 과정은 빌리루빈이 혈중 (①)과 결합하여 (②) 빌리루빈(간접 빌리루빈으로, 수용성이 아니기 때문에 신장에서 여과되지도 않고 소변으로 배설되지 않음) 형태로 존재한다. → 간에 들어가면 간 내에서 (③)과 결합(글루쿠론산 전이효소가 작용함)하여 (④)(= 결합 빌리루빈으로 수용성 상태)로 담즙에 섞여 담관을 통하여 분비된다. → 창자 속의 세균에 의해 (⑤)은 (⑥)으로 전환된다.

03 빌리루빈 정상치는 Total Bilirubin은 (①)mg/dL, Indirect Bilirubin은 (②)mg/dL, Direct Bilirubin은 (③)mg/dL, 신생아는 생후 1주간은 약 (④)mg/dL까지는 정상이다.

04 간경변증의 병태생리는 1) 손상 : 과다한 알코올, 만성 (①)이나 C형간염 등에 의해 지속적이고 반복적인 (②)의 파괴로 인한 (③)이 손상된다. → 2) 대치 : 손상 부위가 (④) 및 (⑤)으로 대치된다. 3) 압박 : 대치된 섬유조직 등이 간소엽의 (⑥)과 (⑦)을 압박하여 발생한다.

05 간경변증 시 간세포의 광범위한 파괴로 빌리루빈 대사 장애가 발생하면 장으로 빌리루빈 배출이 감소하여 (①)변, 직접 빌리루빈이 소변으로 배설되어 (②)소변이 발생한다.

06 간경변증으로 인해 해독작용이 저하되면 단백질 대사물질인 (①)를 (②)로 전환시키는 간의 능력이 저하되어 (②)전환의 실패로 소변으로의 배출 실패 → 체내 (①) 증가 → 뇌 축적 (①)는 중추신경계의 독성물질이며 특히 아교세포와 신경세포에 크게 영향을 미쳐서 중추신경계의 대사작용과 기능에 변화를 초래함) → 신경학적 변화, (③)이 발생한다.

07 간성 떨림 사정법은 환자가 누워있는 상태에서 환자의 (①)의 약간 아랫부분을 들고 (②)을 들어올리면 축늘어졌던 손이 탁 올라갔다가 다시 축 늘어지는 것이 반복된다. 또는 대상자에게 양팔을 앞으로 내밀고 손목은 (③)하고 손가락은 벌리고 (④)을 감도록 하고 (⑤)간 관찰하면 손목에서 (⑥)이 나타난다.

08 암모니아의 정생 대사기전은 암모니아는 (①)에서 생산되며 (②)은 장내 세균에 의해 분해되어 전신순환계로 들어가기 전에 간에서 (③)로 전환된다.

09 간경변증으로 인한 문맥성 고혈압의 증상이 나타나는 기전은 (①) → (②) → (③) → (④)로 나타난다.

10 간경변증으로 식도정맥류가 발생하는 기전은 (①)과 (②)으로 나타난다. → 식도정맥이나 위정맥 벽이 늘어나고, 얇아져서 (③) 형성, (③)에 가하는 압력 증가 시 혈관벽이 터져서 출혈이 발생되면 (④), (⑤), 다량의 상부위장관 출혈, 저혈량성 쇼크, 간성 뇌증 등이 유발될 수 있다.

11 간 생검 시 자세는 (①) 또는 (②) 팔 윗부분 올리고 (③)을 아래로 한 측위이다. 또한 침 삽입 시 숨을 (④) 상태에서 멈춰야 한다. 이는 (⑤) 위치를 (⑥)로 올려주기 위해서이다.

12 간경변증 시 식물성 단백질을 권장하는 이유는 동물성 단백질에 비해 식물성 단백질에는 (①)를 형성하는 (②)이 적게 함유되어 있다.

13 간경변증 복수 간호 시 자세는 (①)이다. 그 이유는 복수가 차서 (②)이 밀려올라가 호흡운동 공간을 감소시켜 (③)을 일으킬 수 있기 때문이다.

14 Lactulose의 작용기전은 1) 대장 내에서 pH (①) 이하로 (②)를 (③)으로 전환시킨다. 이는 체내에 흡수되지 않는 형태로 (④)을 통해 배출된다. 2) 장내로 물을 끌여들여 일일 (⑤) 횟수를 증가시킨다. 3) (⑥)를 형성하는 (⑦) 수 감소시킨다.

15 간경변증 시 위장관 출혈 여부를 확인하기 위해서 (①)을 확인한다. 그 이유는 장내 세균이 (②)을 대사하여 (③) 농도를 증가시켜서 간성혼수를 유발할 수 있기 때문이다.

16 A형간염은 제(①)급 법정 감염병이고, B형간염은 제(②)급 법정 감염병이고, C형간염은 제(③)급 법정 감염병이다.

17 바이러스성 간염 시 발생하는 조각괴사란 염증세포가 (①)을 넘어서 간세포들을 향해 (②)를 일으키고 있는 병리적 상태이다. 생검 결과 특이적 소견 및 간 기능의 변화가 나타난다.

18 만성 간염은 간의 염증과 괴사가 (①)개월 이상 지속되는 상태로 (②) 또는 (③)으로 진행가능성이 있다.

19 만성 지속성 간염은 예후가 좋은 편으로 (①)나 (②)로 진행되지 않는다. 만성 활동성 간염은 예후가 나쁜 편으로 (③), 괴사, (④), 간 부전, (⑤)으로 진행된다.

20 A형간염에서 (①)는 감염 즉시 생성되어, 첫 주에 최고치에 달하며, (②)개월 안에 사라진다. (③)는 감염 1개월 후에 최고치에 이르며, 수년간 몸에 남아 있으면서 면역 활동을 하며, 이 지표는 과거 감염 후 획득한 면역상태를 의미한다.

21 Interferon α의 약리작용은 숙주세포로의 (①), 바이러스의 RNA와 단백질 합성 억제로 (②), (③) 활성화, (④) 억제하여 만성 환자 치료에 유용하다는 것이다.

22 지방간이란 간 중량의 (①)% 이상 지질이 차지할 때를 말한다. 지방간을 일으키는 주요 지질은 (②)이다.

23 비만으로 지방간이 발생하는 기전은 (①) 또는 에너지 소비 저하 시, 혈중 (②)이나 (③) 증가되어 간으로 흡수되어 발생한다.

24 지방간 간호 시 스트레스 관리를 해야 하는 이유는 스트레스는 (①) 및 (②)자극은 지방 조직에서 지방을 분해시켜 혈중 (③)를 상승시키기 때문이다.

25 간세포암의 위험요인 중 (①)는 아스페르길루스라는 (②)에 존재하는 것이다.

26 간 이식 시 수술 후 거부반응 조절 목적으로 (①)를 투여한다.

27 담석증, 담낭염의 고위험 집단 4F는 (①), (②), (③), (④)이다.

28 머피징후란 대상자의 (①)를 누르면서 심호흡을 시키면, 통증 때문에 끝까지 깊이 심호흡을 할 수 없어 (②) 도중 통증으로 중단하는 것이다. 머피징후의 원리는 담낭염 등으로 담낭이 (③)되어 있으면 심호흡 시(횡격막 수축으로 담낭이 아래로 2~3cm 내려옴) (④)가 9~10번째 늑골 복벽에 닿아 충분한 흡기가 어려운 것이다.

29 담낭 절제술 7~10일경 대변이 (①)으로 돌아오는지 확인해야 한다.

30 급성 췌장염의 병태생리는 (①) → (②) → (③) → (④) → (⑤)하는 것이다.

31 터너징후는 (①)가 푸르게 변색되는 것이다. 쿨렌징후는 (②)가 푸르게 변색되는 것이다.

32 급성 췌장염 시 진단검사에서 혈청 아밀라아제 수치 (①), 소변 아밀라아제 (②), 혈청 리파아제 (③), 백혈구 수 (④), 혈당치 (⑤), 혈청 빌리루빈과 ALP 수치 (⑥), Ca^{2+} 수치 (⑦)된다.

01 ① 인슐린 ② 포도당 ③ 글리코겐
02 ① 알부민 ② 비포합 ③ 글루쿠론산 ④ 빌리루빈 글루쿠로니드 ⑤ 빌리루빈 ⑥ 유로빌리노겐
03 ① 0~1(0.1~1.2) ② 0.2~0.8 ③ 0.1~0.5(0.3) ④ 10
04 ① B형간염 ② 간세포 ③ 간 실질조직 ④ 섬유화 ⑤ 재생결절조직 ⑥ 혈관 ⑦ 임파관
05 ① 회색 ② 진한
06 ① 암모니아 ② 요소 ③ 간성뇌변증(= 간성혼수)
07 ① 손목 ② 위팔 ③ 배측굴곡 ④ 눈 ⑤ 30초 ⑥ 파닥거리는 떨림
08 ① 단백질 ② 아미노산 ③ 요소
09 ① 간의 섬유화 ② 혈관계 압박 ③ 문맥압 상승 ④ 측부 순환 증가
10 ① 문맥압 상승 ② 측부 순환 ③ 정맥류 ④ 토혈 ⑤ 혈변
11 ① 앙와위 ② 우측 ③ 왼쪽 ④ 내쉼 ⑤ 횡격막 ⑥ 위
12 ① 암모니아 ② 아미노산
13 ① High-Fowler's position ② 횡격막 ③ 호흡부전
14 ① 5 ② 암모니아 ③ 암모늄 ④ 대변 ⑤ 배변 ⑥ 암모니아 ⑦ 장내 상주균
15 ① 변색깔 ② 혈액 ③ 암모니아
16 ① 2 ② 3 ③ 2
17 ① 문맥 ② 괴사
18 ① 3~6 ② 만성 보균자 ③ 간 세포암
19 ① 간경화 ② 섬유화 ③ 간 염증 ④ 진행성 섬유증/간경화 ⑤ 사망
20 ① IgM anti-HAV ② 6 ③ IgG anti-HAV
21 ① 바이러스 유입차단 ② 바이러스 복제 예방 ③ 자연살해세포와 대식세포 ④ 종양세포 증식
22 ① 5~10 ② 중성지방
23 ① 과영양 ② 포도당 ③ 유리지방산
24 ① 코티졸 ② 교감신경계 ③ 콜레스테롤치
25 ① 아플라톡신 ② 곰팡이
26 ① 시클로스포린
27 ① 여성 ② 40세 이상 ③ 다산부 ④ 비만
28 ① 오른쪽 늑골부 ② 흡기 ③ 팽창 ④ 담낭 기저부
29 ① 갈색
30 ① 췌관 폐색 ② 췌장 내 압력 증가 ③ 췌관 파열 ④ 췌장 소화효소들이 췌장의 실질세포 내로 유출 ⑤ 효소에 의한 췌장의 자가분해 발생
31 ① 왼쪽 옆구리 ② 배꼽주위
32 ① 상승 ② 상승 ③ 상승 ④ 증가 ⑤ 상승 ⑥ 상승 ⑦ 저하

2 개념 인출 학습

01 간기능 검사 중 AST와 ALT를 설명하시오.

02 글루카곤의 체내작용을 설명하시오.

03 빌리루빈 대사과정 중 장에 도달하여 장내 세균에 의해 분해되어 발생하는 것을 제시하시오.

04 황달의 정의를 설명하시오.

05 간경변증의 정의를 설명하시오.

06 간경변증 시 문맥압 상승으로 복수가 발생하는 기전을 3가지로 설명하시오.

07 신선동결혈장에 대해 설명하시오.

08 간성혼수 간호 시 Neomycin을 투여하는 이유와 부작용을 설명하시오.

09 Lactulose의 투여 경로 2가지를 제시하시오.

10 A형간염과 B형간염의 전파경로와 고위험군을 각각 설명하시오.

11 B형간염 시 나타나는 HBsAg, HBeAg, anti-HBc IgM, anti-HBs의 의미를 각각 설명하시오.

12 A형간염과 B형간염의 예방접종 시기 능동면역과 수동면역으로 나누어 각각 설명하시오.

13 지방간의 병태생리를 설명하시오.

14 원발성 간종양의 4가지 종류를 양성과 악성으로 각각 제시하시오.

15 담석증과 담낭염의 정의를 설명하시오.

16 총담관 조로술 후 합병증을 설명하시오.

17 급성 췌장염의 정의를 설명하시오.

18 급성 췌장염에서 쇼크, 저칼슘혈증, 고혈당이 발생하는 근거를 각각 설명하시오.

CHAPTER 03 호흡기계 건강문제의 간호와 관리

영역			기출분석 영역	
병태생리		호흡기계 구조와 기능		
		체내 가스교환 : 내호흡과 외호흡의 정의, 가스분자 이동 원리(확산) 1996		
건강사정		전두동 : 광선 투시법, 폐 타진음 2009		
상부호흡기 질환	알레르기성 비염		병태생리 2018	
			증상과 징후 1996	
			코막힘 완화제 투여 시 주의점 2018	
	수면무호흡증			
	감기(= 비인두염)		소아에서 가장 흔한 원인균 1994	
	부비동염		호발부위 1993	
			투약 시 체위 1993	
			부비동 수술환자의 간호방법 1995	
	편도선염		절제술 대상 1992 , 편도선 적출술 금기증 1993 , 편도선염 2017-사례	
	후두의 염증성 질환		후두염	
			크룹 증후군	특징 1992
	후두종양		2015-사례	
하부호흡기 질환	무기폐		증상 및 징후 1992	
	성인호흡곤란장애 증후군		정의 2013-보기	
	폐순환 장애	폐색전증과 폐경색	병태생리 2011-보기	
	염증성 질환	폐렴	정의 2013-보기 , 원인, 증상, 합병증, 중재법 1992	
			바이러스성 폐렴의 기침양상 2021	
			글루코코르티코이드 작용기전과 투약 시 주의점 2021	
		폐농양	병태생리 2011-보기	
	감염성 질환	폐결핵	정의 2022	
			서구 발병증가 원인 1996	
			성인 결핵의 특징 1993	
			병태생리 2011, 2012, 2016	
			선별 검사	투베르쿨린 피부반응검사 결과해석 방법 2016 , Tbc 집단검진 2015-사례
				PPD 검사 반응 억제 요인 1992
				투베르쿨린반응검사 양성반응 1993

하부호흡기 질환	감염성 질환	폐결핵	유아 및 학동기 어린이 폐결핵 집단검진 순서 `1995`
			항결핵제 부작용 `1992, 1994, 2013`
			항결핵제 복용 관련한 교육 내용 `2007`
			전파방지를 위해 교육할 내용 `2004`
		폐외 결핵	
		히스토플라스모시스병	발생기전 `1992`
	만성 폐쇄성 폐질환 (COPD)	만성기관지염	
		폐기종	병태생리 `2011`
		기관지확장증	
	천식		정의 `1992`, 원인 `1992`, 병태생리 `2007, 2014`, 증상 `1992`
			치료 및 간호중재 `1992, 2010`, 약물 `2009, 2010`, 최대호기유속기 사용법과 관리 `2011`
		약동학	치료지수 `2020`, 작용제와 대항제 `2021`
흉막질환	기흉		병태생리 `1992, 2011-보기, 2013-보기, 2019`
	혈흉		
	늑막삼출증(= 흉수)		
악성종양	폐암		역학적 특성, 유형별 특성 `2011`

마이-맵을 활용한 학습요점 정리

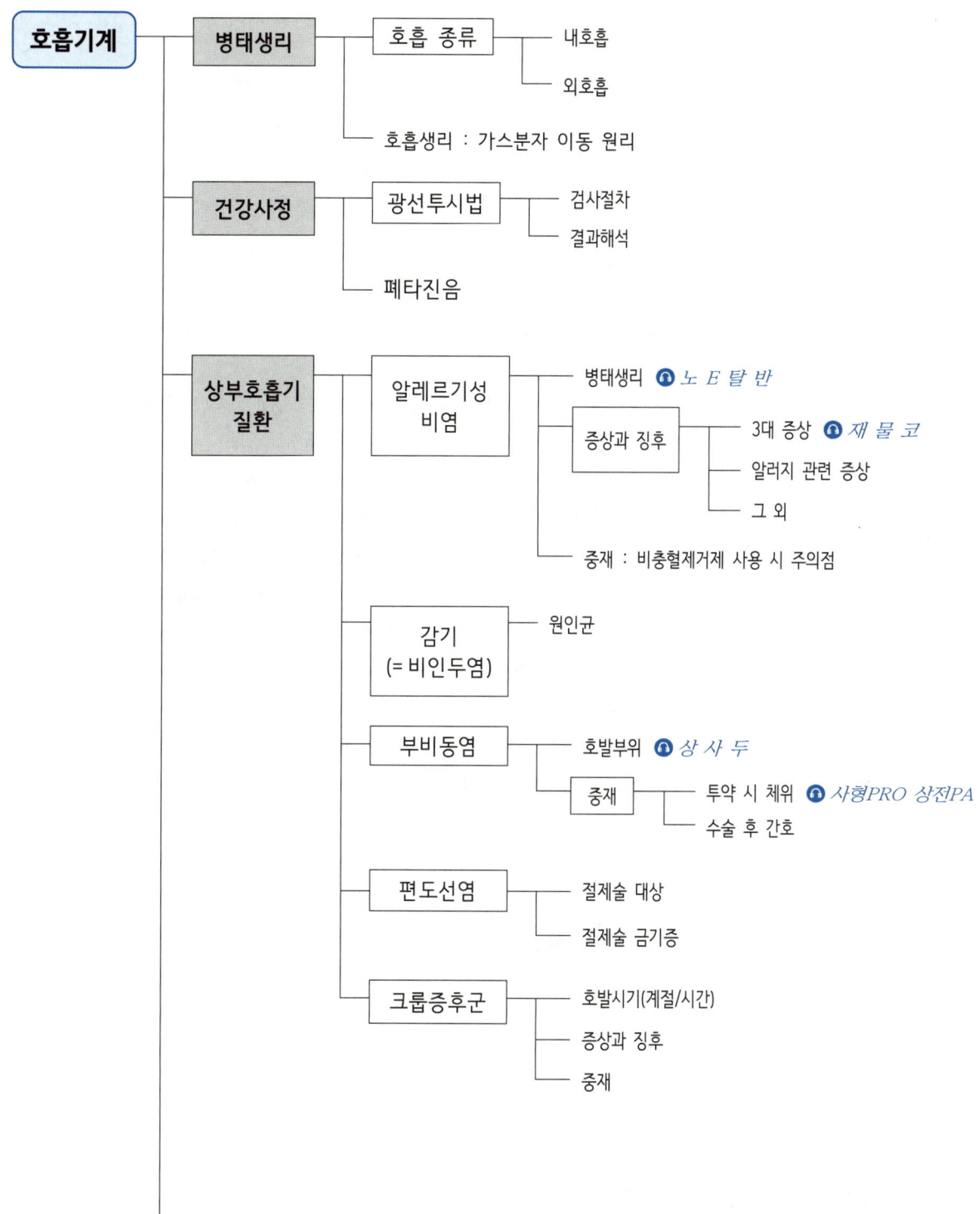

CHAPTER 03. 호흡기계 건강문제의 간호와 관리

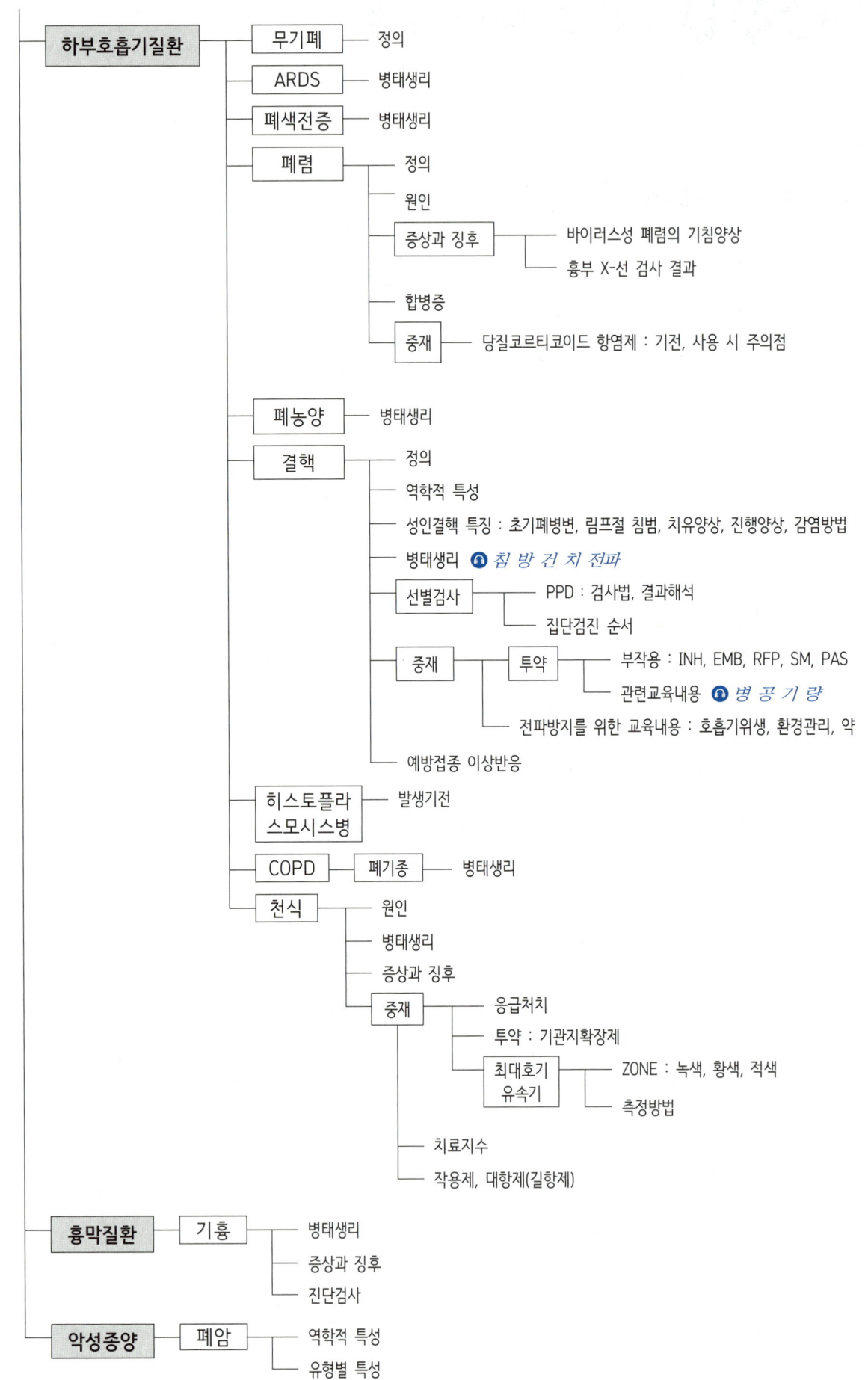

1 개념 정리 학습

01 폐호흡(외호흡)은 (①)와 (②)사이의 가스교환이고, 조직호흡(내호흡)은 (③)과 (④)의 가스교환이다.

02 가슴과 폐의 신체검진 순서는 문진, (①), (②), (③), (④)이다.

03 알레르기성 비염 병태생리 중 알레르기 항원에 처음 노출시 B림프구에서 (①)항체 생성 후 (②)에 부착한다. (②)가 탈과립되어 (③)이 분비되고, 면역세포에서 (④)이 분비된다.

04 알레르기성 비염 진단검사 중 혈액검사 결과 (①)수치가 상승되고, 특이 (②)항체가 발견된다. 코 분비물 도말검사 결과 (①)수치가 상승된다.

05 알레르기성 비염 치료약물 중 비충혈제거제인 oxymetazoline은 (①)효능제로 코막힘을 완화한다. 3일 이상 투여 시 (②)예방을 위해 (③)로 변경한다.

06 알레르기성 비염의 보존 및 지지요법인 면역요법(탈감작요법)은 확인된 알레르기원을 희석하여 용액을 조제 후 (①)로 주입한다. 점차 양을 늘려 항원에 둔해지게 하는 방법으로 (②)를 증가시키는 작용을 한다. 치료기간은 약 (③)년 정도 소요된다.

07 감기(비인두염)를 일으키는 가장 흔한 바이러스는 (①)이고, 세균은 (②)이다.

08 부비동염이 가장 잘 발생하는 부위는 (①)이다. 진단검사 중 부비동 광선 투시법으로 부비동이 액체나 농으로 차 있는지 여부를 확인하기 위해 (②)과 (③) 시 부비동의 압통여부를 확인하고, 압통이 느껴지면 광선투시법으로 확인한다.

09 부비동염 치료 시 체위로 사골동과 접형동을 치료 시 (①)체위를 취해주고, 상악동과 전두동을 치료 시 (②)체위를 취해준다.

10 편도선염의 가장 흔한 원인균은 (①)이다. (①)이 원인일 때 혈청검사 결과로 (②), (③), (④)가 증가한다.

11 편도선염의 수술 후 간호 중 배액분비 촉진을 위해 취해야 할 체위로 (①) 또는 (②)를 취해준다.

12 크룹증후군은 (①)부위의 부종 혹은 폐쇄로 인한 복합적인 증상으로, 4가지 증상인 (②), (③), (④), (⑤) 등의 복합적인 증상을 말한다.

13 크룹증후군 중 급성후두개염(세균성 크룹)을 일으키는 원인은 (①)이고, 급성후두기관기관지염(바이러스 크룹)을 일으키는 원인은 (②)이다.

14 성인호흡곤란증후군 이환 시 취해야 할 체위로 저산소혈증 개선을 위해 (①)로 하고, 배액증진을 위해 (②)로 한다.

15 폐색전증과 폐경색 이환 시 항응고요법으로 (①) 또는 (②)을 투여하고, 혈전용해요법으로 (③) 또는 (④) 또는 (⑤)를 투여한다.

16 폐렴 치료 약물인 코르티코스테로이드(glucocorticoid)의 작용기전으로 (①)를 저해함으로써 막결합 인지질로부터 (②)과 (③)의 전구체인 (④)의 유리를 저해한다. 그 결과 cox-2의 합성이 감소하여 (①)의 이용을 감소시킨다.

17 폐결핵은 (①)에 의해 발생하는 감염병으로 제(②) 법정 감염병이다.

18 폐결핵의 유형으로 1차감염은 (①)이고, (②) 또는 (③)에서 주로 발생한다. 2차감염은 (④)이고, (⑤)에서 주로 발생한다.

19 일차 폐결핵(아동결핵)은 주로 (①)에 침범하고, 흔히 (②) 침범이 동반된다. (③)된 병소로의 종결이 흔하고, (④) 진행이 흔하다.

20 이차 폐결핵(성인결핵)은 주로 (①)에 침범하고, 흔히 (②) 침범이 흔치 않다. (③)된 병소로의 종결이 흔하고, (④) 진행이 흔하다.

21 폐결핵의 선별검사(집단검진)으로 14세 미만은 (①) → (②) → (③) 순서이고, 14세 이상은 (②) → (③) 순서이다.

22 「결핵예방법 시행규칙」 제4조(결핵검진등의 주기 및 실시방법)에 따라 결핵검진은 (①) 실시하고, 잠복결핵감염검진은 기관·학교 등에 소속된 기간 중 (②) 실시한다. 신규채용된 사람에 대해서는 신규채용을 한 날부터 (③) 이내에 최초의 결핵검진등을 실시해야 하고, 휴직·파견 등의 사유로 (④) 이상 업무에 종사하지 않다가 다시 업무에 종사하게 된 사람에 대해서는 다시 업무에 종사하게 된 날부터 (⑤) 이내에 결핵검진을 실시해야 한다.

23 투베르쿨린 피부반응 검사 결과 해석으로 음성은 (①) 미만, 양성은 (②) 이상, 약양성은 (③), 강양성은 (④) 이상이다.

24 투베르쿨린 피부반응 검사 결과 다음과 같은 경우에는 5mm 이상일 경우에도 양성으로 판정한다. 최근에 (①)와 접촉한 경우, (②)에서 결핵이 의심되거나 앓은 흔적이 있는 경우, (③)상태에 있는 경우, BCG를 접종하지 않은 (④)에서 5mm 이상인 경우이다.

25 만성 폐쇄성 폐질환(COPD)은 (①)이나, (②)에 의해 공기흐름이 폐쇄되는 질환이다.

26 만성 폐쇄성 폐질환(COPD)의 폐기능 검사 결과 1초 노력 호기폐활량(FEV1), 노력중간호기유속(FEF), 최대 환기량, 노력 폐활량은 (①)하고, 잔기량(RV), 총폐용량(TLC), 기능잔기량(FRC)은 (②)한다.

27 만성 폐쇄성 폐질환(COPD) 치료약물인 β_2 agoist의 작용은 (①)을 완화하고, (②)을 억제한다. 항콜린제는 (③) 방출을 억제하고, (④)을 감소시킨다. Methylxanthines은 중추신경 (⑤)로, (⑥) 방출을 억제한다.

28 천식의 진단검사 중 객담, 혈액 검사 결과에서 (①)가 증가하고, 혈청 (②)가 증가한다. 폐기능 검사에서 천식 발작 시 (③), (④)은 감소한다.

29 천식 이환 시 호흡곤란 완화를 위해 자세는 (①) 또는 (②)를 취해주어 (③)의 작용을 돕는다. 호흡방법은 (④)과 (⑤)을 실시한다.

30 학교에서 천식 발작이 일어났을 때 처치로 환자가 소지한 (①)를 확인하여 분무한다. 과호흡에 의한 (②)을 방지하기 위해 (③) 호흡을 실시한다.

31 최대호기유량 측정기 사용 시 측정기의 화살표가 (①)을 가리키는지 확인하고 사용한다. 총 3회 측정치 중 (②)을 기록한다.

32 치료지수는 약의 (①)에 대한 (②)의 비율이다. 값이 큰 것은 (①)와 (②)간의 폭이 넓은 것으로 부작용을 겪게 될 위험성이 낮은 안전한 약물이라는 의미이다. 치료지수의 범위가 적은 약물은 (③)를 해야 한다.

33 긴장성 기흉의 치료로 밀봉흉곽배액 시행 시 공기를 제거하기 위해서는 흉관을 삽입할 경우에 (①)를 취해주고, (②)과 (③)이 만나는 지점에 관을 삽입한다. 점액체를 제거하기 위해서는 (④)를 취해주고, 체액이 모이는 (⑤)과 (⑥)에 관을 삽입한다.

34 폐암의 유형 중 흡연 여부와 관련이 있는 폐암은 (①), (②), (③)이고, 흡연 여부와 관련이 없는 폐암은 (④)이다.

35 폐암의 유형 중 중앙부에 위치하고 있는 폐암은 (①), (②)이고, 말초 폐 조직에 위치하고 있는 폐암은 (③), (④)이다.

01 ① 폐포 ② 모세혈관 ③ 모세혈관 ④ 조직
02 ① 시진 ② 촉진 ③ 타진 ④ 청진
03 ① IgE ② 비만세포 ③ 히스타민 ④ 사이토카인
04 ① 호산구 ② IgE
05 ① 교감신경 ② 반동성 충혈 ③ 경구제제
06 ① 피하 ② IgG ③ 5
07 ① Rhino virus ② A군 β-용혈성 연쇄상구균
08 ① 상악동 ② 촉진 ③ 타진
09 ① Proetz ② Parkinson
10 ① A군 베타 용혈성 연쇄상구균 ② ASO titer ③ ESR ④ WBC
11 ① 복위 ② 측위
12 ① 후두 ② 쉰 목소리 ③ 개 짖는 소리 같은 금속성 기침소리 ④ 흡기 시 협착음 ⑤ 호흡곤란
13 ① Haemophilus influenzae ② Parainfluenza virus
14 ① 복위 ② 측와위
15 ① 헤파린 ② 와파린 ③ Urokinase ④ streptokinase ⑤ tPA
16 ① 인지질 용해제 ② prostaglandin ③ leukotriene ④ arachidonic acid
17 ① 결핵균 ② 2급
18 ① 곤 복합체 ② 하엽의 상부 ③ 상엽의 하부 ④ 시몬병소 ⑤ 폐의 첨부
19 ① 폐 하부 ② 림프절 ③ 석회화 ④ 혈행성
20 ① 폐 첨부 ② 림프절 ③ 섬유화 ④ 기관지성
21 ① 투베르쿨린 검사 ② 흉부 X-선 직접 촬영 ③ 객담검사(도말검사, 배양검사)
22 ① 매년 ② 1회 ③ 1개월 ④ 6개월 ⑤ 1개월
23 ① 5mm ② 10mm ③ 10~15mm ④ 15mm
24 ① 감염성 결핵환자 ② 흉부 X-선 검사 ③ 면역 억제 ④ 신생아
25 ① 만성기관지염 ② 폐기종
26 ① 감소 ② 증가
27 ① 기관지 경련 ② 염증 매개물질 ③ 아세틸콜린 ④ 기관지 수축물질 ⑤ 흥분제 ⑥ 기관지 수축물질
28 ① 호산구 ② IgE ③ 1초 노력호기폐활량(FEV1) ④ 최고날숨유속(PEFR)
29 ① High-fowler 자세 ② 침상 위나 테이블에 베개를 놓고 앞으로 기댄 자세 ③ 호흡 부속근 ④ 복식 호흡 ⑤ 입술오므리기 호흡
30 ① 기관지 확장제 ② 호흡성 알칼리증 ③ 종이봉지
31 ① 0 ② 가장 높은 값
32 ① 효과농도(치료농도) ② 치사농도(중독농도) ③ 치료적 감시
33 ① 바로 누운자세 ② 2번째 늑간 ③ 쇄골 중앙선 ④ 반좌위 ⑤ 8~9번째 늑간 ⑥ 쇄골중앙선
34 ① 소세포암 ② 편평세포암 ③ 대세포암 ④ 선암
35 ① 소세포암 ② 편평세포암 ③ 선암 ④ 대세포암

2 개념 인출 학습

01 호흡기계 타진음의 종류와 특징을 설명하시오.

02 알레르기성 비염의 병태생리를 설명하시오.

03 알레르기성 비염 중 알러지 관련 증상인 allergic salute, allergic gape, allergic shiners를 설명하시오.

04 알레르기성 비염의 3대 증상과 합병증을 답하시오.

05 알레르기성 비염의 보존 및 지지요법인 면역요법(탈감작 요법)을 설명하시오.

06 부비동염 이환 시 코를 자주 풀지 않게 하는 이유를 설명하시오.

07 부비동 광선 투시법의 정상소견과 비정상소견을 설명하시오.

08 편도선염 이환 시 소아마비(회백수염) 유행 시기에 편도절제술을 적용하지 않는 이유를 설명하시오.

09 급성후두기관기관지염(바이러스 크룹) 이환 시 찬 습기를 적용하는 이유를 설명하시오.

10 무기폐의 정의를 답하시오.

11 무기폐의 신체사정(시진, 촉진, 타진, 청진) 결과와 흉부 X-선 검사 결과를 설명하시오.

12 성인호흡곤란장애 증후군의 정의를 답하시오.

13 성인호흡곤란장애 증후군의 진단기준 4가지를 답하시오.

14 바이러스성 폐렴의 증상을 객담 특성을 포함하여 설명하시오.

15 폐렴 이환 시 코르티코스테로이드를 고용량으로 투여하다가 갑자기 중단하지 않는 이유를 설명하시오.

16 결핵의 병태생리를 설명하시오.

17 잠복결핵의 정의를 답하시오.

18 투베르쿨린 피부반응 검사 방법에 대해 설명하시오.

19 인터페론 감마분비검사(IGRA)에 대해 설명하시오.

20 폐결핵의 약물요법 원칙에 대해 설명하시오.

21 폐결핵의 치료약물인 Isoniazid, Ethambutol, Rifampin, Streptomicin, Pyrazinamide의 부작용을 각각 답하시오.

22 BCG 예방접종의 이상반응인 코흐씨 현상에 대해 설명하시오.

23 폐기종의 정의를 답하시오.

24 폐기종에서 술통형 흉곽이 초래되는 기전을 설명하시오.

25 폐기종의 신체사정(시진, 청진, 타진)과 흉부 X-선 검사 결과를 설명하시오.

26 만성 폐쇄성 질환(COPD)환자에게 고농도 산소를 투여하지 않는 이유를 설명하시오.

27 천식의 정의를 답하시오.

28 천식의 병태생리를 설명하시오.

29 천식에서 신체사정(시진, 촉진, 타진, 청진) 결과를 확인할 수 있는 내용을 설명하시오.

30 천식 치료약물 중 흡입 스테로이드제인 코르티코스테로이드를 흡인한 후 가글을 실시하는 이유를 설명하시오.

31 천식 치료약물 중 기침약(진해제)인 시럽형태의 Codeine을 복용한 후 가글을 실시하지 않는 이유를 설명하시오.

32 최대호기유량 측정기 사용 시 녹색, 황색, 적색의 의미와 처치를 각각 설명하시오.

33 효능제(작용제)와 길항제(대항제)의 정의를 답하시오.

34 반감기의 정의를 답하시오.

35 효력과 효능의 정의를 답하시오.

36 기흉의 정의를 답하시오.

37 기흉의 신체사정(시진, 타진, 청진)과 흉부 X-선 검사 결과를 설명하시오.

38 기흉에서 날카롭고 갑작스러운 흉통이 발생되는 기전을 설명하시오.

39 긴장성 기흉의 병태생리를 설명하시오.

40 긴장성 기흉에서 경정맥 팽대가 나타나는 기전을 설명하시오.

41 연가양 흉곽의 정의를 답하시오.

04 심장계 건강문제의 간호와 관리

영역		기출분석 영역
병태생리		심장의 구조와 기능 – 심장 전도계 2016
건강사정		청색증을 보이며 주저앉은 학생의 오감을 이용한 신체검진 내용 1997
	심음	심음(S_1~S_4)의 정의 및 특성 1993
		승모판막음 청진부위 1995
선천성 심질환	청색증형 선천성 심질환	유형 1993, 1994
		활로 4징후 1992, 2010, 2023
	비청색증형 선천성 심질환	심실중격결손 2017
		동맥관 개존증 1992, 1996
	선천성 심장질환 아동에게 요구되는 건강관리 내용 2003	
판막성 심질환		승모판 협착증
		승모판 폐쇄부전증
		대동맥판막 협착증
		대동맥판막 폐쇄부전증
허혈성 심질환	유발요인 중 조절 가능한 요인 5가지 2005	
	협심증	정의 및 병태생리 / 증상 및 징후 1995, 2011
		위험요인 : 흡연의 영향 2019
		니트로글리세린 투약교육 내용 : 예방적 사용 가능 / 알코올과 상호작용 시 위험성 / 휴대용기 / 투약 목적 / 부작용 2012, 2020
	심근경색증	예방 위해 금연지시를 했을 때 니코틴 일차적인 작용 1996
		고혈압 합병증으로 인해 심근경색이 초래되는 기전 2020
		심근경색의 증상과 예후 2015 지문
	심장재활 – 교육내용 2011	
	관련 건강문제	고지혈증
		죽상경화증 · 동맥경화증
		대사증후군 : HMG – CoA 환원효소 억제제 약리작용 2010, 진단기준 2013, 2022

울혈성 심질환	정의 `2011`, 심부전 명칭 `2023`		
	병태생리 `2009`, 심부전 보상기전 : 신경계와 신장에서의 호르몬 반응 `2023`		
	가장 흔한 합병증 `1996`		
염증성 심질환	류마티스열	주로 침범하는 판막의 심음을 가장 잘 들을 수 있는 부위 `1995`	
		심장에 염증성 변화를 초래하는 가장 흔한 원인 `1996`	
		병태생리 `2011`	
		진단기준 : 증상과 징후 `2014`	
	가와사키병	진단기준 : 증상과 징후 `2012`	
		눈과 혀의 특징적인 증상, 고열특성 `2022`	
		심장합병증 여부 확인 위한 비침습적 검사 명칭 `2022`	
	심내막염		
	심막염(= 심낭염)	삼출성 심막염 : 정의 `2011`	
	심장압전		
	심근증	정의 및 병태생리 `2011`	
심부정맥	심실조기수축 : EKG 판독, 증상과 징후, 치료 `2012`		
	심실빈맥 : EKG 판독, 무맥박성 심실빈맥에서 첫 번째로 투여하는 혈관수축 약품명 `2024`		
	EKG 파형의 의미 `2016`		
	인공심박자율기 삽입 시 자가확인방법 `2020`		

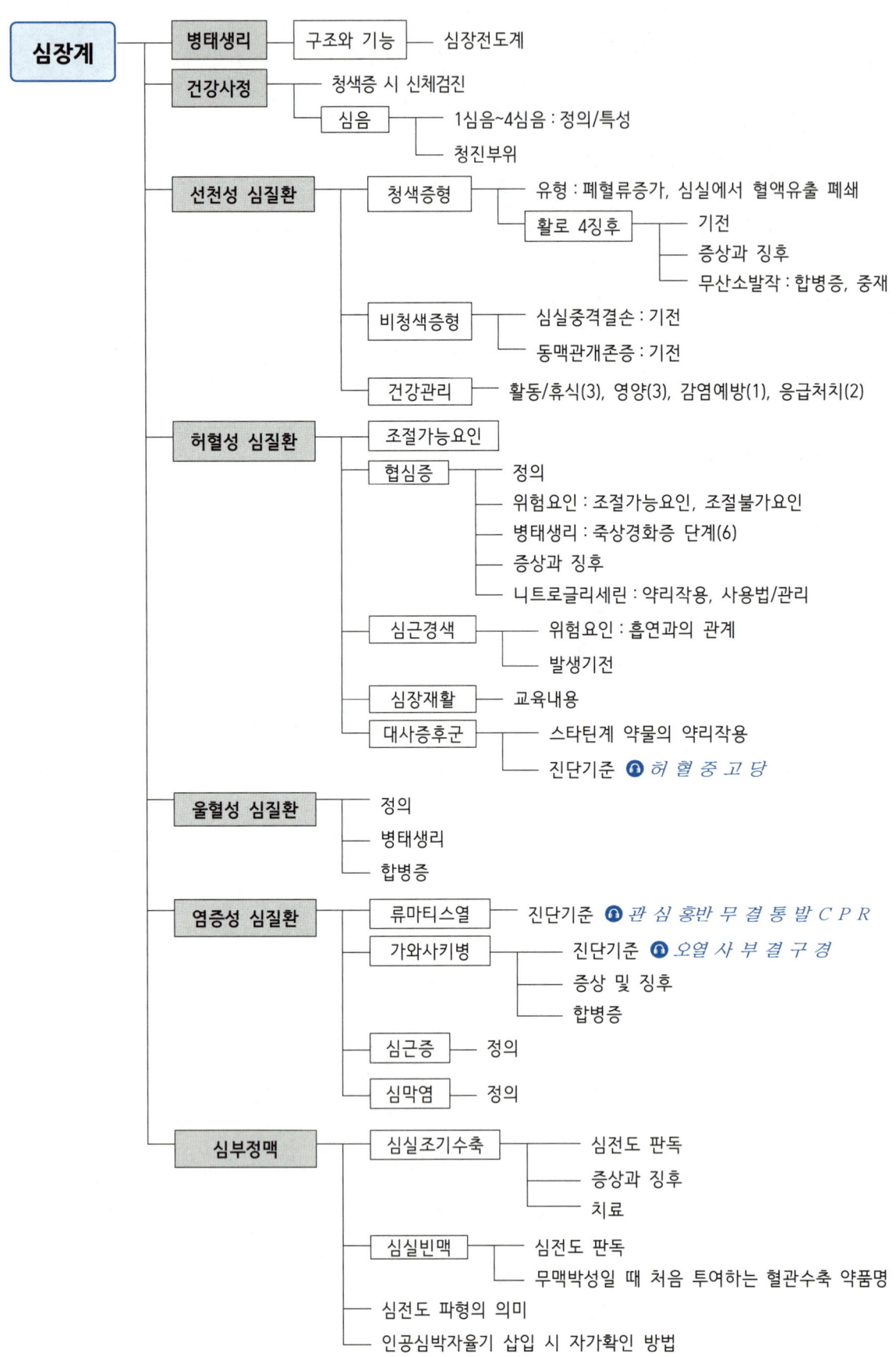

1 개념 정리 학습

01 심장 자체의 혈액 공급은 (①)에 의해 이루어진다. 심장의 자극전도계는 (②), (③), (④), (⑤)로 구성된다.

02 폐순환은 (①) → (②) → (③) → (④) → (⑤) → (⑥) 순서로 이루어진다.

03 체순환은 (①) → (②) → (③) → (④) 순서로 이루어진다.

04 심근은 전기적으로 자극받아 전기적 활동이 끊임없이 일어나고 있으며 이 상태를 (①)라 하고, 휴식기를 (②)라고 한다.

05 심박동량은 심장박동 시 좌심실에서 동맥계로 분출되는 (①)이고, 심박출량은 좌심실에서 대동맥으로 내보내는 (②)을 의미한다. 심박출량은 (③)×(④)의 값으로 계산한다.

06 박동량에 영향을 주는 요인으로, (①)는 이완기 말 심실의 용적과 압력으로 심실수축 전에 심근의 팽창 정도를 의미한다. (②)는 수축기 동안 좌심실에서 대동맥으로 혈액을 내보내기 위해 심실이 생성해야 하는 긴장정도를 의미한다.

07 심장의 압수용기는 (①)과 (②)에 위치한다.

08 출생 후 신생아 순환의 변화로 (①)에서 가스교환이 시작되고, (②)이 중지된다. 폐혈류량 증가, 동맥혈의 산소분압 증가로 (③)이 닫힌다. 우심방 압력 저하, 좌심방 압력 상승으로 (④)이 닫힌다.

09 흉부 신체검진은 (①) → (②) → (③) → (④) → (⑤) 순서로 이루어진다.

10 심음 청진의 위치로 대동맥판은 (①), 폐동맥판은 (②), 삼첨판 부위는 (③), 승모판 부위는 (④)이다.

11 제1심음(S_1)은 (①) 시작으로, (②)과 (③)이 닫힐 때 (④)부위에서 청진된다. 제2심음(S_2)은 (⑤) 끝, (⑥) 시작으로, (⑦)과 (⑧)이 닫힐 때 (⑨)부분에서 청진된다.

12 간헐맥은 (①)과 (②)이 교대로 계속되는 것이다.

13 결손맥은 심맥관 질환자 사정 시 2명의 간호사가 동시에 (①)과 (②)을 측정하는 것으로, 측정치의 차이가 분당 (③) 이상 날 때를 의미한다.

14 교대맥은 (①)과 (②)이 교차되는 것이다.

15 기이맥은 흡기 시에는 (①), 호기 시에는 (②)이 나타나는 것이다.

16 Allen test는 (①) 하기 전에 시행하는 것으로, (②)과 (③)의 개방성을 확인하는 것이다. 정상소견은 (④) 이내에 혈액귀환이 나타나는 것이다. 비정상 소견은 (④) 이후에도 피부창백 지속 시 (⑤)을 의미한다.

17 선천성 심질환에서 비청색증형은 (①)단락이고, 청색증형은 (②)단락이다.

18 심방중격결손(ASD)은 심방 사이의 비정상적인 개구인 (①)단락으로 압력이 높은 (②)에서 (③)으로 혈류가 이동하여 우심에 산화혈류가 증가한다.

19 심실중격결손(VSD)은 심실 사이의 (①)단락으로 (②)의 높은 압력으로 폐혈류량이 증가하여 (③)이 상승한다.

20 심실중격결손(VSD)에서 특징적 심잡음으로 (①)가 커지고, 심첨부에서 (②) 잡음이 청진되며, 좌흉골 연하부에서 (③) 잡음이 청진된다.

21 심실중격결손(VSD)에서 진단검사 중 흉부 X-선 검사 결과로 (①)이 확대되고, (②) 음영이 증가된다.

22 동맥관개존증(PDA)은 태생기 동맥관이 출생 1주일 이내 닫히지 않아 (①)단락이 발생된다. 동맥관 사이 (①)단락으로 (②)에서 (③)으로 흐른다.

23 대동맥 축착(COA)의 증상으로 (①) 고혈압, (②) 저혈압이 나타난다. 흉부 X-선 검사 결과 X-선상 상하동맥인 (③)가 관찰된다.

24 활로 4징후(TOF)의 해부학적 특징 4가지는 (①), (②), (③), (④)이다.

25 대혈관 전위(TGA)는 대동맥이 (①)에서 기시되고, 폐동맥이 (②)에서 기시되어 우측 혈액이 산화되지 못한 채 (③)으로 흐르고, 산화된 혈액은 (④)로 흐른다.

26 니코틴은 교감신경계를 흥분시켜 (①) 방출하고 혈압을 높여 혈관내피세포를 손상시키고, 혈관손상 부위에 (②) 침착이 진행되어 (③)을 초래한다. 니코틴은 (④) 방출을 억제하고, 혈중 (⑤) 합성을 증가로 혈액 점도를 증가시켜 혈압을 상승시켜 혈관내막 손상을 악화시킨다.

27 스트레스는 교감신경 항진에 의한 (①)의 과다분비로 혈소판 응집, 혈관 경련, 혈관 손상을 일으킨다. (②) 증가는 혈관내피의 카테콜라민, 안지오텐신Ⅱ에 대한 감수성을 높인다.

28 호모시스테인은 (①)이 (②)으로 대사될 때 생기는 중간 대사산물이다. 건강한 사람에서 호모시스테인의 대사 과정에서 (③)와 (④), (⑤)가 필요하다. 혈중 증가된 호모시스테인은 동맥내피세포에 독성 손상을 일으켜 동맥경화를 유발하여 (⑥)을 응집시키고 혈관 평활근 세포의 증식을 자극한다.

29 안정형 협심증은 운동 시 (①)되고, 휴식 또는 NTG에 의해 (②)된다. EKG 특성으로 T파는 (③)되고, ST분절은 (④)된다.

30 심근경색은 휴식 또는 NTG에 의해 (①). EKG 특성으로 병리적 (②)파, ST분절 (③), T파 (④)이 나타난다.

31 심실구축률은 (①)에 들어온 혈액 중 (②)으로 나가는 혈액의 비율이다. 정상치는 (③)%이다.

32 심근경색 진단검사 중 심근효소 검사 시 상승 순서는 (①), (②), (③)이다.

33 허혈성 심질환 진단검사 중 협심증 진단에 가장 정확한 검사는 (①)이다. 심실의 구축률을 측정할 수 있는 검사는 (②)이다.

34 허혈성 심질환의 약물요법 중 Aspirin은 (①) 응집을 억제하고, Heparin은 (②)을 억제한다. HMG-CoA 환원 효소 억제제는 (③)을 감소시킨다. Urokinase, t-PA, Streptokinase는 (④)으로부터 (⑤)으로 활성화한다.

35 Nitroglycerine 사용 시 앉은 자세로 SBP (①) 이상일 경우 복용하고, (②)에 NTG 넣고 녹여서 복용한다. 1회 1정씩 (③) 간격으로 최대 (④)까지 복용 후 효과가 없으면 병원으로 후송한다. 알코올과 상호작용하면 혈압(⑤), 현기증, 기절 등을 일으킬 수 있으므로 주의한다.

36 Nitroglycerine 관리 시 약물 보관함에 (①)을 두지 않는다. (①)이 약물을 흡수한다. 약물은 (②)에 담아 마개를 닫는다. (③)이 넘은 약은 다시 교환한다.

37 대사증후군은 5가지 지표 항목은 (①), (②), (③), (④), (⑤)이다. 5가지 지표 가운데 (⑥)가지 이상이 기준치를 넘을 경우 진단한다.

38 울혈성 심질환의 유형 중 좌심부전은 좌심실이 펌프기능장애로 인해 (①) 속으로 (②)을 충분히 박출하지 하는 상태이다. 우심부전은 (③) 속으로 (④)을 충분히 박출하지 못하는 상태로서 (⑤)에 울혈을 초래한다.

39 디지털리스(Digoxin) 사용 시 투여 전 (①)간 심첨 맥박을 확인하고, HR이 (②) 이하이거나 불규칙할 때 투약을 중단한다. (③) 시 독성이 증가하고, 독성 시 (④)를 투여한다.

40 류마티스열은 (①)에 의한 상기도 감염으로 발생한다. 제(②) 과민반응으로 감마글로불린이 자가항원에 대한 항체를 형성하여 면역복합체를 형성한다. (③)가 심장, 관절, 피부, 중추신경계를 침범한 염증반응이다.

41 류마티스열의 주증상 5가지는 (①), (②), (③), (④), (⑤)이다.

42 류마티스열의 부진단기준 5가지는 (①), (②), (③), (④), (⑤)이다.

43 가와사키병의 진단기준 중 고열은 (①)일 이상 지속되며, (②)에 반응 없는 고열로, (③)도 이상이다.

44 심내막염은 심장내막의 내피세포에 발생하는 염증으로, 흔한 원인균은 (①)이고, 호발부위는 (②)이다. 진단검사는 (③), (④)를 실시한다.

45 심장압전의 중요한 3징후(Beck's triad)는 (①), (②), (③)이다. 맥박 유형은 (④)으로, 흡기 시 수축기 혈압이 정상보다 (⑤) 이상 감소한다.

46 심부정맥의 유형 중 동성빈맥은 분당 심박동수가 (①)회 이상으로, 교감신경계 (②)에 의해 나타난다. 동성서맥은 분당 심박동수가 (③)회 이상으로, 교감신경계 (④)작용에 의해 나타난다.

47 심실조기수축(PVC)은 EKG상 (①)이 비정상으로, (②)초 이상으로 넓고 조기에 나타난다. 치료방법으로 (③) 또는 (④)을 투여하여 (⑤)을 저하시키고, (⑥)을 예방한다.

48 심실빈맥(VT)은 EKG상 비정상 (①)이 (②)회 이상 반복된다. 치료방법으로 (③)을 실시하고, 맥박 없는 심실빈맥 시 (④), (⑤)을 실시한다.

49 심실세동(VF)은 심전도상 (①)가 관찰되지 않으며, (②), (③), (④)가 감별되지 않는다. 치료방법으로 가장 우선적으로 (⑤)을 실시한다.

50 1도 방실블록은 방실결절을 통한 전기적 자극의 전도가 (①)되어 발생한다. EKG상 (②) 간격이 (③)초 이상이다.

51 2도 방실블록은 심방에서 전달되는 전기 자극이 부분적으로 (①)되어 발생한다. Mobitz I은 PR 간격이 (②)되고, QRS는 (③)회 탈락한다. Mobitz II은 PR 간격이 (④)되고, 예고없는 QRS 탈락이 나타난다. Mobitz II의 치료로 (⑤)를 삽입한다.

52 3도 방실블록은 (①)에서 전기 자극이 (②)로 전혀 전달되지 않는 경우로 (③)이라고 불린다. (④) 간격이 (⑤)초 증가한다. 치료방법으로 부교감신경차단제인 (⑥)을 투여하고, 베타효능제인 (⑦)을 투여한다. 돌연사 위험성을 감소시키기 위해 (⑧)를 삽입한다.

53 인공심박동기 설치 환자의 주의사항으로 (①)이나 (②)에서 맥박을 매일 측정하고 (③)하기 전에 맥박 측정법을 익혀야 한다. (④), (⑤) 등의 자력장치는 영향이 있다.

01 ① 관상동맥 ② 동방결절 ③ 방실결절 ④ 히스번들 ⑤ 푸르키녜 섬유
02 ① 우심방 ② 우심실 ③ 폐동맥판막구 ④ 폐 ⑤ 폐정맥 ⑥ 좌심방
03 ① 좌심방 ② 좌심실 ③ 대동맥판 ④ 전신 동맥계
04 ① 활동전위 ② 안정막전위
05 ① 1회 혈액량 ② 분당 혈액량 ③ 1회 박동량 ④ 심박동수
06 ① 전부하(용적부하) ② 후부하(압력부하)
07 ① 대동맥궁 ② 경동맥동
08 ① 폐 ② 태반순환 ③ 동맥관 ④ 난원공
09 ① 문진 ② 시진 ③ 촉진 ④ 타진 ⑤ 청진
10 ① 2nd 우측늑간 ② 2nd 좌측 늑간 ③ 4th 좌측늑간 ④ 5th 좌측늑간과 쇄골 중앙선이 만나는 지점
11 ① 수축기 ② 승모판 ③ 삼첨판 ④ 심첨 ⑤ 수축기 ⑥ 이완기 ⑦ 대동맥판 ⑧ 폐동맥판 ⑨ 심저
12 ① 정맥 ② 부정맥
13 ① 요골맥박 ② 심첨맥박 ③ 10회
14 ① 강한맥박 ② 약한맥박
15 ① 약맥 ② 강맥
16 ① ABGA ② 요골동맥 ③ 척골동맥 ④ 4~5초 ⑤ 동맥폐색
17 ① 좌-우 ② 우-좌
18 ① 좌-우 ② 좌심방 ③ 우심방
19 ① 좌-우 ② 좌심실 ③ 폐동맥압
20 ① S_2 ② 이완기 ③ 범수축기
21 ① 우심방/우심실 ② 폐혈관
22 ① 좌-우 ② 대동맥 ③ 폐동맥
23 ① 상지 ② 하지 ③ 3자형 그림자
24 ① 폐동맥 협착 ② 우심실 비대 ③ 심실중격결손 ④ 대동맥 기승
25 ① 우심실 ② 좌심실 ③ 대동맥 ④ 폐
26 ① 카테콜라민 ② 지방질 ③ 죽상경화증 ④ 헤파린 ⑤ 저밀도 콜레스테롤
27 ① 카테콜라민 ② 코티졸

28 ① 메티오닌 ② 시스테인 ③ Vit B₁₂(코발라민) ④ Vit B₉(엽산) ⑤ Vit B₆(피리독신) ⑥ 혈소판

29 ① 악화 ② 완화 ③ 역전 ④ 하강

30 ① 완화되지 않는다 ② Q ③ 상승 ④ 역전

31 ① 좌심실 ② 전신 ③ 55~70

32 ① Myoglobin ② Troponin ③ CK-MB

33 ① 관상동맥 조영술 ② 심초음파

34 ① 혈소판 ② 응고인자 ③ LDL 콜레스테롤 ④ Plasminogen ⑤ Plasmin

35 ① 90mmHg ② 혀 밑 ③ 5분 ④ 3회 ⑤ 강하

36 ① 솜 ② 갈색 유리병 ③ 3~5개월

37 ① 허리둘레 ② 혈압 ③ 중성지방 ④ 고밀도 콜레스테롤 ⑤ 공복혈당

38 ① 전신혈관 ② 동맥혈 ③ 폐순환계 ④ 정맥혈 ⑤ 전신 정맥계

39 ① 1분 ② 60회 ③ 저칼륨 ④ digoxin immune Fab(Digiband)

40 ① A군 베타 용혈성 연쇄상구균 ② 3형 ③ 아소프소체

41 ① 심염 ② 다발성 관절염 ③ 홍반성 반점 ④ 무도병 ⑤ 피하결절

42 ① 관절통 ② 발열 ③ 적혈구 침강속도(ESR) 상승 ④ C-반응 단백(CRP) 상승 ⑤ PR 간격 지연

43 ① 5 ② 해열제 ③ 38

44 ① 황색포도상구균 ② 승모판막 ③ 혈액배양검사 ④ 심초음파

45 ① 전신 정맥계 울혈 ② 약해진 심음 ③ 저혈압 ④ 기이맥(모순맥) ⑤ 10mmHg

46 ① 100 ② 활성화 ③ 60 ④ 억제

47 ① QRS군 ② 0.12 ③ 리도카인 ④ 퀴니딘 ⑤ 심실탈분극 ⑥ 심실세동

48 ① QRS군 ② 3 ③ 심장리듬전환술 ④ 제세동 ⑤ 심폐소생술

49 ① P파 ② PR 간격 ③ QRS군 ④ T파 ⑤ 제세동

50 ① 지연 ② PR ③ 0.2

51 ① 차단 ② 연장 ③ 1 ④ 일정 ⑤ 인공심박동기

52 ① 심방 ② 심실 ③ 방실완전차단 ④ PR ⑤ 5~10 ⑥ 아트로핀 ⑦ 이소프로테레놀 ⑧ 인공심박동기

53 ① 손목 ② 목 ③ 퇴원 ④ 고압전기발생장치 ⑤ 자기영상촬영장치

2 개념 인출 학습

01 심박동량과 심박출량의 정의를 답하시오.

02 박동량에 영향을 주는 요인 3가지를 답하시오.

03 선천성 심질환에서 청색증 시 동반되는 증상을 답하시오.

04 선천성 심질환에서 청색증 시 동반되는 증상으로 곤봉상지의 발생기전을 설명하시오.

05 동맥관개존증(PDA)의 증상 중 도약맥(bounding pulse)의 특징을 설명하시오.

06 동맥관개존증(PDA)의 내과적 치료로 동맥관을 닫히기 위해 투여하는 약물을 답하시오.

07 폐동맥 협착(PS)의 내과적 치료로 동맥관을 확장하기 위해 투여하는 약물을 답하시오.

08 활로 4징후(TOF)의 증상 중 무산소 발작의 정의와 발생기전을 설명하시오.

09 활로 4징후(TOF)에서 슬흉위(웅크린 자세)를 취해주는 이유를 설명하시오.

10 활로 4징후(TOF)의 흉부 X-선 검사 결과를 설명하시오.

11 허혈성 심질환의 정의를 답하시오.

12 심근경색의 정의를 답하시오.

13 고밀도지질단백질(HDL)의 기능을 설명하시오.

14 흡연으로 인한 니코틴과 CO가 체내에 미치는 영향을 설명하시오.

15 죽상경화증의 발생 6단계를 답하시오.

16 흉통의 발생기전을 설명하시오.

17 심실구축률의 정의를 답하시오.

18 니트로글리세린(Nitroglycerine)의 약리작용을 설명하시오.

19 β-blocker, Ca-channel blocker의 약리작용을 각각 설명하시오.

20 심장재활의 정의를 답하시오.

21 고지혈증의 정의를 답하시오.

22 HMG-CoA 환원효소 억제제의 약리작용을 설명하시오.

23 대사증후군의 정의와 진단기준을 설명하시오.

24 울혈성 심질환의 정의를 답하시오.

25 Frank-Starling 법칙의 정의를 답하시오.

26 심박출량 감소로 인한 레닌-안지오텐신-알도스테론계(RAA) 활성화 기전을 설명하시오.

27 좌심부전으로 인한 급성 폐수종의 발생 기전을 설명하시오.

28 울혈성 심질환의 약물요법 중 이뇨제 chlorothiazide, furocemide, Aldactone의 약리작용을 설명하시오.

29 울혈성 심질환의 약물요법 중 디지털리스제(Digoxin)의 작용효과를 설명하시오.

30 류마티스열의 정의를 답하시오.

31 Jones 류마티스성 열의 발병 초기의 진단지침 2가지를 답하시오.

32 가와사키병의 정의를 답하시오.

33 가와사키병의 진단기준 중 사지말단, 발진, 눈, 입/구강, 림프절의 특징을 설명하시오.

34 가와사키병의 치료약물인 주사용 면역글로불린(IVIG)과 아스피린의 약리작용을 설명하시오.

35 심내막염의 혈관색전 증상인 Roth's spot, Janeway's lesion, Osler's node를 설명하시오.

36 심장압전의 정의를 답하시오.

37 심부정맥의 정의를 답하시오.

38 경고증상으로 간주해야 하는 심실조기수축(PVC) 유형을 설명하시오.

39 항부정맥제인 나트륨채널차단제(리도카인)의 약리작용을 설명하시오.

40 미주신경자극법의 정의를 답하시오.

41 인공심박동기의 사용 목적을 답하시오.

05 혈관계 건강문제의 간호와 관리

영역	기출분석 영역	
병태생리	혈관계 구조와 기능	
	말초혈관 수축과 혈압상승 작용에 영향을 주는 호르몬 1992	
건강사정	모세혈관 충전 검사 2019	
	트렌델렌버그 검사단계를 4단계로 제시 2008	
	호만스 징후 2012, 2016	
고혈압	역학적 특성, 합병증, 유형 및 유형별 발생빈도 1993, 2020, 합병증 2020	
	고혈압성 두통 1992	
	혈압상승 초래하는 순환계 요인 4가지 2003	
	종류 2가지 1999 추가	
	JNC-7에 근거한 고혈압 단계와 단계별 초기약물치료 2012	
	항고혈압제	aldactone 부작용 1995
		푸로세마이드 투여 대상자 간호중재 2009
		이뇨제 2가지의 작용기전과 부작용 5가지 2012
		이뇨제와 베타차단제의 부작용 증상 각각 5가지 1999 추가
		고혈압 위기 시 투여약물 2012
	고혈압 환자의 자가간호 내용 5가지 1999 추가	
동맥질환	급성 동맥 폐색질환	
	만성 동맥 폐색질환 2019	
	레이노현상 / 레이노병 2020, 2024	
	폐쇄성 혈전혈관염	
	동맥류	
정맥질환	정맥류 2002	발생기전, 증상, 간호중재 4가지
	심부정맥혈전증	혈전이 형성되는 병태생리기전 2016

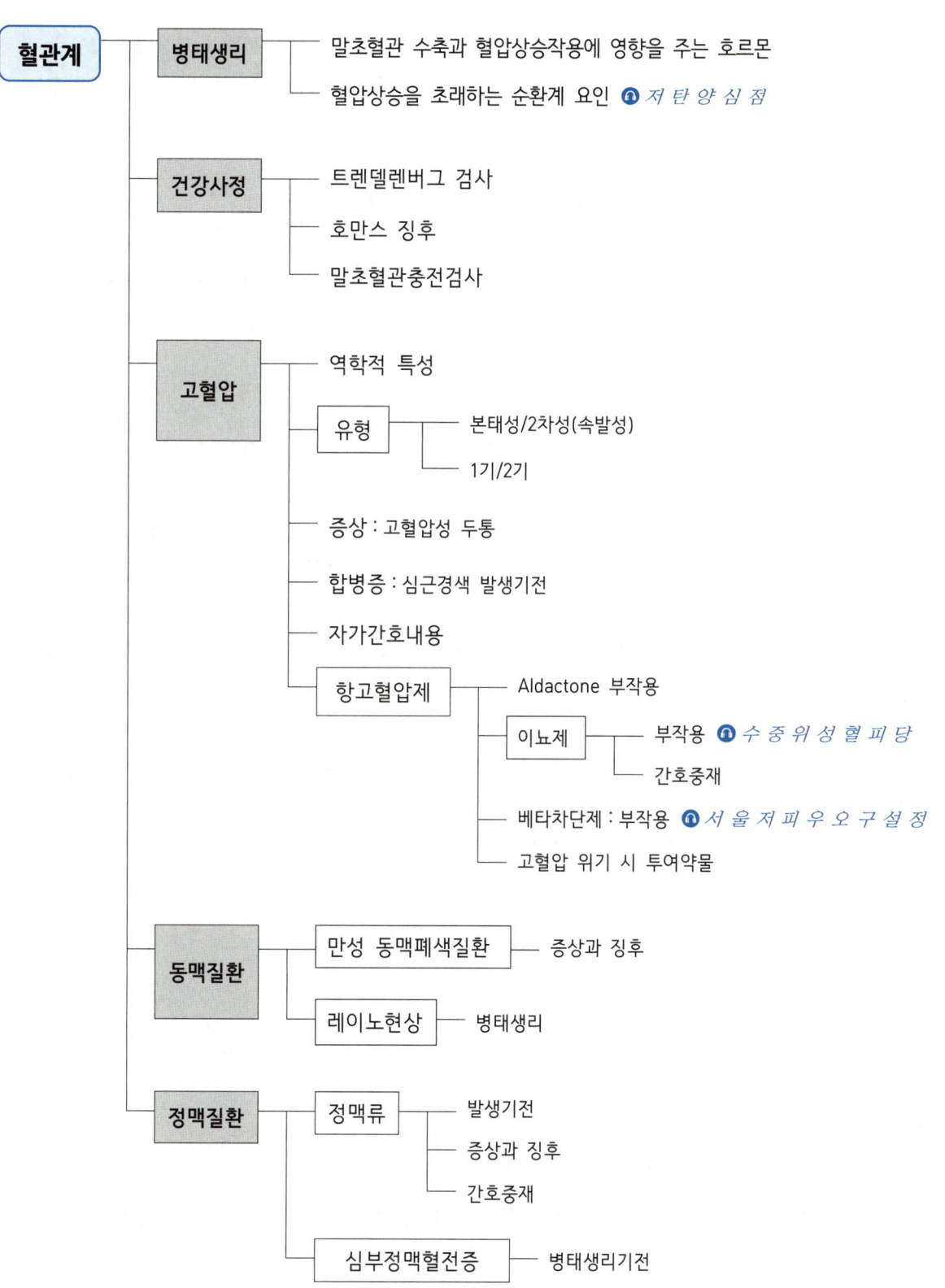

1 개념 정리 학습

01 중력과 반대방향으로 혈액을 흐르게 하는 (①)은 한쪽방향으로 된 판막에 의해 (②)를 한다.

02 말초혈관충전검사의 방법은 손가락이나 발가락의 끝을 검사자가 (①)으로 눌러서 창백해지면 손 떼고 붉게 혈관이 채워지는 시간을 확인하는 것이다. 정상은 검사자의 손을 뗀 후 2(3)초 (②) 붉어지는 것이다. 비정상은 검사자의 손을 뗀 후 2(3)초를 (③)한 후 붉어지는 것이다.

03 발목–상완지수(ABI)의 방법은 (①) ÷ (②)이다. 정상 수치는 (③)이다.

04 호만스 징후는 (①)를 검사하기 위한 것이다. 방법은 (②) 상태에서 무릎을 약간 굽히고 발을 뒤로 굽힐 때 (③) 통증을 사정하는 것이다. 비정상은 장딴지 통증 (④)이다.

05 고혈압 전단계는 수축기혈압 (①)mmHg 또는 이완기혈압 (②)mmHg이다. 고혈압 1기는 (③)mmHg 또는 이완기혈압 (④)mmHg이다. 고혈압 2기는 (⑤)mmHg 또는 이완기혈압 (⑥)mmHg이다.

06 (①)식이란 미국국립보건원에서 고혈압을 관리하기 위하여 권장하는 식이로 채소, 과일, 미정제 곡물, 저지방식이, 생선, 콩, 식물성 지방을 주로 섭취하고, 염분과 지방식이를 제한하는 식이이다.

07 흡연으로 고혈압에 발생하는 기전은 (①) → 말초혈관 수축, (②) 방출, 말초저항(소동맥 혈류저항) 증가 → (③)이다.

08 thiazide계 이뇨제의 약리기전은 (①)에서 Na^+의 재흡수를 억제시킴으로써 혈압을 낮추는 작용을 한다. loop계 이뇨제의 약리기전은 (②)에서 작용하여 염분과 물, 칼륨, 염소 등 분비 촉진한다. 칼륨보유 이뇨제는 (③)에서 작용하며 나트륨과 수분 배설 증가하고 칼륨 분비를 감소시킨다.

09 만성 동맥 폐쇄질환의 가장 흔한 원인은 (①)이다. 죽상경화증 진행단계는 1단계 (②), 2단계 (③), 3단계 (④)이다.

10 만성 동맥 폐색질환의 임상과정 4단계는 (①) → (②) → (③) → (④)이다.

11 만성 동맥 폐색질환 시 조직관류증진 위해 하지를 (①) 자세를 취해야 한다.

12 레이노현상의 병태생리는 (①)이나 심리적 변화에 의해 손가락이나 발가락 (②)이 촉발되고 (③)으로 피부색조가 창백, 청색증, 발전의 변화를 보이는 것이다.

13 레이노현상은 일반적으로 손가락, 발가락의 피부부위의 작은 동맥을 침범하며 (①)이다. 레이노병은 일반적으로 손가락, 발가락의 피부부위의 작은 동맥을 침범하며 (②)이다.

14 레이노현상 시 혈관수축을 완화하거나 예방하는 약물에는 (①), (②)이 있다.

15 동맥류의 병태생리는 (①) → (②) → (③)이다.

16 동맥류 형태 3가지는 (①)형, (②)형, (③)형이 있다.

17 정맥류란 정맥의 (①)으로 인해 정맥이 영구적으로 확장되는 것으로 주로 (②)에서 나타난다.

18 정맥류의 발생기전은 1) 하지 (①)이 늘어나고 구불구불해지면서 (②)이 증가한다. 2) 정맥이 늘어나면 판막이 불완전해지면서 정맥혈류가 (③)되어 (②)이 증가한다. 3) 모세혈관압이 증가하여 (④)을 초래한다. 4) (④)이 생긴 조직은 (⑤)으로부터 충분한 영양을 공급받지 못해 조직이 손상된다.

19 정맥류의 진단검사는 (①)이다.

20 정맥류 시 정맥귀환증진 시키기 위하여 (①)을 침대에서 일어나기 전에 착용하도록 한다. 이는 표재성 정맥의 지름을 (②)시켜 (③)을 증진시키기 때문이다.

21 Virchow's triad는 (①), (②), (③) 3가지 중 적어도 2가지가 있을 때 발생한다.

22 심부정맥혈전증 시 혈전형성 기전은 혈관내벽에 국소적으로 (①)이 응집되고, 섬유소가 모이면 (②), (③), (④)을 끌어들여 혈전형성이 발생하는 것이다.

23 심부정맥혈전증의 진단검사는 (①)이다.

24 심부정맥혈전증 간호 시 침상안정 시 하지를 심장보다 (①) 유지한다.

01 ① 정맥 ② 혈액역류방지

02 ① 손끝 ② 이내 ③ 초과

03 ① 후경골 수축기압 ② 상완 수축기압 ③ 0.91~1.3

04 ① 심부정맥혈전증 ② 앙와위 ③ 족배굴곡 ④ (+)

05 ① 130~139 ② 80~89 ③ 140~159 ④ 90~99 ⑤ ≥160 ⑥ ≥100

06 ① DASH

07 ① 니코틴 ② 카테콜라민 ③ 혈압 상승

08 ① 원위세뇨관 ② 상행 헨레고리 ③ 원위세뇨관

09 ① 죽상경화증 ② 평활근 증식 ③ 섬유죽상반 ④ 복합죽상반

10 ① 무증상 ② 간헐적 파행증 ③ 안정 시 통증 ④ 괴사

11 ① 내려뜨리는

12 ① 한랭 ② 혈관의 연축 ③ 허혈발작

13 ① 일측성 ② 양측성

14 ① 칼슘길항제 ② 교감신경차단제

15 ① 동맥중층의 파괴 ② 내벽과 외벽이 늘어남 ③ 중층이 더 약해져서 늘어져 동맥류 발생

16 ① 방추 ② 낭상 ③ 박리

17 ① 판막기능부전 ② 복재계

18 ① 표재정맥 ② 정맥압 ③ 역류 ④ 부종 ⑤ 혈액

19 ① Trendelenberg 검사

20 ① 탄력스타킹 ② 감소 ③ 심부정맥혈류

21 ① 정맥혈 정체 ② 정맥벽 손상 ③ 혈액의 과응고력

22 ① 혈소판 ② 적혈구 ③ 백혈구 ④ 혈소판

23 ① Homan's sign

24 ① 높게

2 개념 인출 학습

01 혈압을 안전하게 조절하여 순환허탈 상태를 초래하지 않는 5가지 조절기전을 제시하시오.

02 동맥압에 영향을 주는 순환요인 5가지를 제시하시오.

03 트렌델렌버그 검사방법을 4단계로 설명하시오.

04 고혈압의 정의를 설명하시오.

05 고혈압의 분류를 2가지로 설명하시오.

06 고혈압성 두통의 발생시기와 발생기전을 설명하시오.

07 고혈압에 이완된 경우 뇌, 심장, 신장 등에 합병증이 발생하는 공통된 기전을 설명하시오.

08 JNC 8차 보고서에 따를 때 CKD 동반한 환자의 목표혈압과 사용하는 약물요법을 설명하시오.

09 Aldactone의 부작용에 대해 설명하시오.

10 안지오텐신전환효소억제제의 약리기전과 부작용을 설명하시오.

11 Verapamil의 약리작용을 설명하시오.

12 고혈압성 위기의 정의, 경고증상, 중재를 설명하시오.

13 급성 동맥 폐쇄질환의 정의를 설명하시오.

14 급성 동맥 폐쇄질환의 증상 및 징후(= 6P)를 설명하시오.

15 만성 동맥 폐쇄질환의 정의를 설명하시오.

16 레이노현상 및 레이노병의 정의를 설명하시오.

17 폐쇄성 혈전혈관염의 정의를 설명하시오.

18 동맥류의 정의를 설명하시오.

19 동맥류 시 복부박동과 관련한 증상의 특징을 설명하시오.

20 Buerger-Allen운동을 설명하시오.

21 심부정맥혈전증과 혈전성정맥염의 정의를 각각 설명하시오.

22 심부정맥혈전증의 합병증을 제시하시오.

CHAPTER 06 혈액계 건강문제의 간호와 관리

영역			기출분석 영역
병태생리	백혈구		호중구의 특성 1995
			과립구의 주요작용 1996
	조혈기관		종류 1996
			성인이 된 후에도 계속 조혈작용이 이루어지고, 골수 천자 시 흔히 사용되는 부위 1995
빈혈	전혈검사 결과 2020		
	영양결핍성	철분결핍성 빈혈	영아를 위한 간호중재 2009
			철분제 복용 2021 - 철분제 섭취와 함께 권장하는 영양소와 그 이유 - 액상 철분제 복용 시 빨대와 점적기 사용 이유 - 혈색소가 정상화된 후에도 일정기간 철분제 복용을 하는 이유
		악성빈혈	원인 1996, 거대적아구성 빈혈 혈구특징 2020
	골수부전	재생불량성 빈혈	혈구특성 1995
	유전성	겸상적혈구 빈혈	유전양상 2015, 적혈구 특성 2015
지혈장애	혈액응고과정 1995		
	혈우병		반성열성유전 혈액질환 1996, 2024
			혈우병 유전될 수 있는 여러 가지 상황의 발생확률 계산 2007, 2016, 2024
			혈우병 유전양상 및 그 이유 2016
	자반증		특발성 혈소판 감소성 자반증
			아나필락시스양 자반증 - 주요 침범기관 3가지와 기관별 증상 1992-보기, 2008
	산재성 혈관 내 응고증(DIC)		
백혈병	급성 림프구 백혈병 정의 2024		
	급성 림프구성 백혈병 병태생리 2013		
	백혈병에서 범혈구 감소증이 나타나는 이유 2024		
	백혈병 환아에게 요추천자를 하는 목적 2024		
	구강간호 1993		
기타 혈구장애	원발성 다혈구혈증		
	과립구 감소증과 무과립구증		
악성 림프종			

마이-맵을 활용한 학습요점 정리

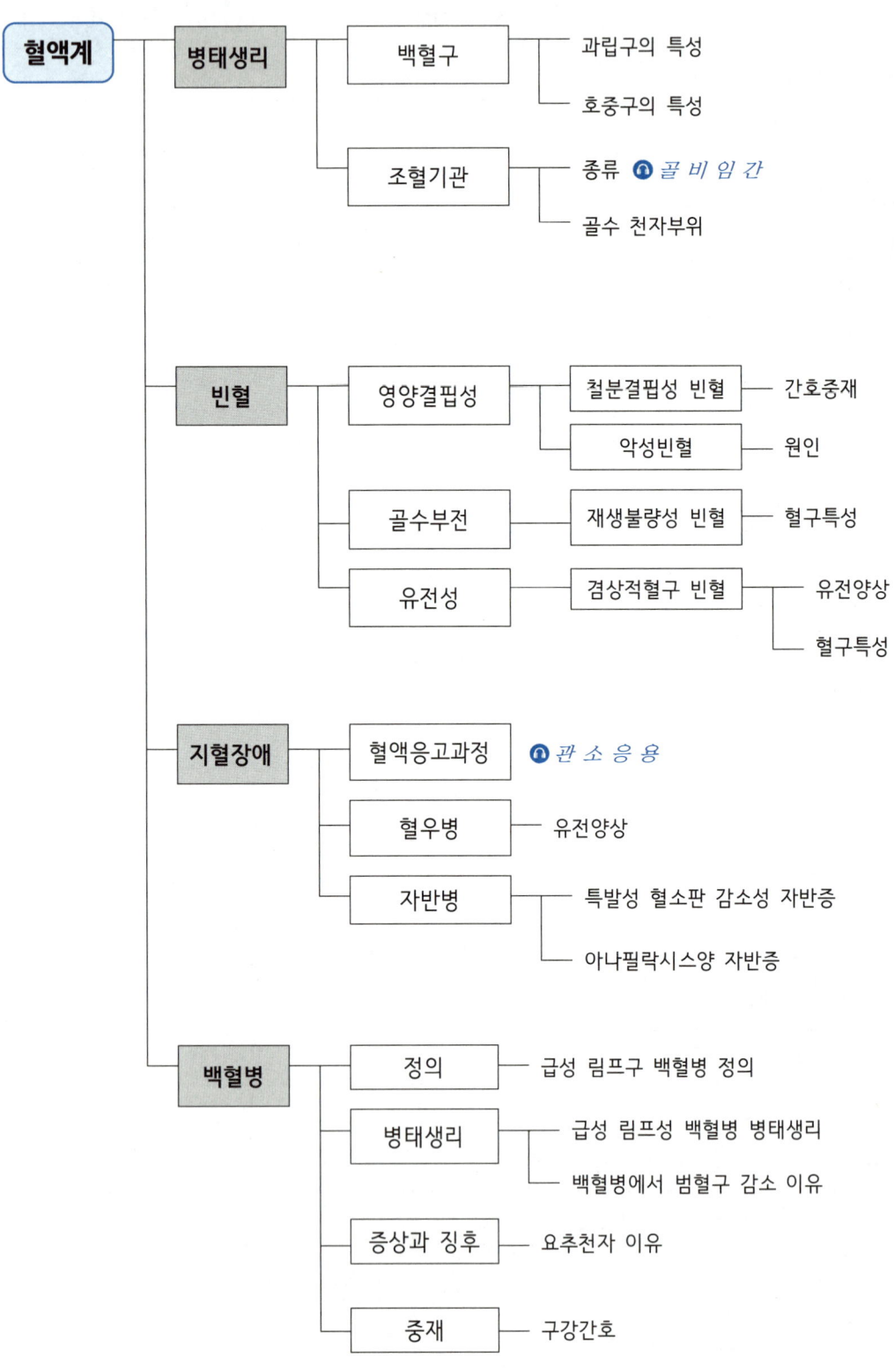

1 개념 정리 학습

01 백혈구 중 호산구의 기능은 (①), (②), (③)이다.

02 (①) 검사는 적혈구를 손상시키는 (②)를 발견하기 위해 수행되며 수혈을 위한 교차시험이나 태아적아구증 진단을 위한 제대혈액검사, 자가면역성 용혈성 빈혈을 진단하는데 사용된다. (③) 검사는 순환하고 있는 (④)의 존재를 밝혀내는 검사, 수혈을 받고자 하는 사람이 공혈자 적혈구에 대한 혈청 항체를 가지고 있는지의 여부를 확인하기 위함이다.

03 가장 흔한 골수 천자부위는 (①)이다. (②)은 성인이 된 후에도 계속 조혈작용이 이루어지며, 골수천자 시 흔히 사용된다.

04 (①)은 림프계 중에서 가장 큰 기관으로 혈관이 많이 분포한다. 또한 조혈조직으로 (②)의 생성과 파괴에 관여한다.

05 헤모글로빈의 정상수치는 남자는 (①)g/dL, 여자는 (②)g/dL이다.

06 철분치료 시 (①) 생성보다 (②)의 저장이 느리므로 혈색소 정상치로 회복된 후 (③)개월까지 철분제를 복용해야 한다.

07 철분 경구투여 시 (①)이 함유된 (②)제제와 함께 투약한다. 이는 산화형의 Fe^{3+}이온에 전자를 주어 Fe^{2+}로 환원시켜 철분흡수를 촉진하기 때문이다.

08 악성빈혈 시 거대적아구성 빈혈이 발생하는 이유는 (①) 부족 시, 합성이 잘 되지 않아 (②)의 세포분열이 되지 않으므로 (②) 크기는 커지고 수는 현저히 감소하기 때문이다.

09 (①)test는 위장 내 벽세포의 기능을 평가하여 (②) 결핍을 찾는 검사로 악성빈혈 진단에 가장 명확하다.

10 Schilling test 1단계에서 Low, 2단계에서 Normal이 의미하는 것은 (①)이다.

11 겸상적혈구 빈혈은 (①)유전이다. 겸상적혈구 빈혈은 B-chain이 비정상적인 (②)를 가진다.

12 겸상적혈구 빈혈의 병태생리는 혈중 산소농도가 감소되고 겸상화 발작으로 인해 (①), (②)의 적혈구로 변형된다. → 모세혈관에서 차단 → 조직 저산소증 → (③) 가속화 → 비장에서 다량 파괴 순으로 진행된다.

13 혈액응고과정 중 내외 공통경로의 첫 단계는 (①)을 (②)으로 전환시키는 활성화 단계이다.

14 혈액응고반응 중 (①)는 혈관손상으로 내피세포층의 콜라겐 표면에 (②)이 접촉됨으로써 활성화된다. (③)는 손상된 조직으로부터 (④)이 유리됨으로써 활성화된다.

15 혈우병은 (①)유전이다. 어머니가 보인자인 경우, 자녀의 50%는 (②)이며, 25%는 (③), 25%는 (④)가 된다. 아버지가 질환자인 경우, 자녀의 50%는 (⑤)이며, 50%는 (⑥)가 된다.

16 혈우병 (①)는 응고인자 (②)가 결핍되어 발생한 것이다.

17 혈우병 증상 중 (①) 출혈은 사소한 외상 후 느리고 오래가며 계속되는 출혈이다. 이는 (②)의 기능과 (③) 생성에는 이상이 없으므로 (②)반응과 (③) 반응이 일어나 초기 지혈과정을 진행한다. 그러나 응고인자의 결손으로 안정된 응고덩어리를 형성하지 못해 느리고 계속되는 (①) 출혈이 나타날 수 있다.

18 특발성 혈소판 감소성 자반증의 3가지 특징은 (①), (②), 정상적이거나 증가한 거대핵세포를 동반한 (③)이다.

19 아나필락시스양 자반증의 병태생리는 세동맥, 세정맥, 모세혈관의 작은 혈관의 염증으로 (①)로 염증과 출혈을 야기하며, 비혈소판 감소성 자반으로 피부의 (②) 반응을 일으킨다. 이로 인해 복부통증, 출혈 등의 위장관 증상과 관절염, 종창 등의 (③) 증상과 신장의 (④) 등의 증상을 일으킨다.

20 산재성 혈관 내 응고증의 병태생리는 비정상적으로 혈액응고계가 활성화되면 광범위하게 (①)이 형성된다. 이 과정에서 (②), (③), (④)이 모두 고갈된다. 과도한 혈전형성은 (⑤)를 활성화하여 심한 출혈을 야기한다.

21 백혈병 시 빈혈이 발생하는 이유는 조혈기능장애로 (①) 감소 때문이다. 백혈병 시 출혈이 발생하는 이유는 조혈기능장애로 (②) 감소 때문이다.

22 백혈병 시 전혈구 검사의 결과는 총 백혈구 수는 (①) 또는 비정상적으로 높거나 낮다. 또한 적혈구, 혈색소, 혈소판 수는 일반적으로 (②)된다.

23 절대호중구수 = { (①) × ((②) + (③)(%)) } × 100이다.

24 백혈병 시 골수검사를 실시하는 이유는 (①) 확진, (②) 형태를 확인하기 위함이다.

25 백혈병 화학요법 중 (①) 단계는 완전한 회복(완전관해, 골수의 정상화)를 목표로 화학요법 집중치료를 받는 것이다. (②) 단계는 남아 있는 질환을 완전히 치료하기 위해서 집중적으로 화학요법을 시행하는 것이다. (③) 단계는 재발방지 목적으로 치료하는 것이다.

26 (①)는 부신수질과 교감신경계를 형성하는 원시 신경관 세포에서 발생하는 악성종양이다. (②)는 일측이나 양측으로 신장을 침범하는 악성 배아기 신생물이다.

27 비호지킨 림프종 시 (①) 증가를 위해 (②)를 투여한다.

01 ① 항알레르기 작용 ② 과민반응에 관여 ③ 기생충 감염으로부터 보호
02 ① 직접 쿰스 ② 자가 항체 ③ 간접 쿰스 ④ 적혈구 항체
03 ① 후장골능 ② 흉골
04 ① 비장 ② 혈구
05 ① 13~18 ② 12~16
06 ① 혈색소 ② 철분 ③ 2~3
07 ① 아스코르빈산 ② Vit C
08 ① Vit B_2 ② 적혈구
09 ① Schilling ② 내적인자
10 ① 내적인자 결핍
11 ① 상염색체 열성 ② 겸상세포혈색소(HbS)
12 ① 낫모양 ② 초승달 모양 ③ 겸상화
13 ① 프로트롬빈 ② 트롬빈
14 ① 내적경로 ② 혈액 ③ 외적경로 ④ 조직 트롬보플라스틴
15 ① 성염색체 반영 열성 ② 정상 ③ 보인자 ④ 질환자 ⑤ 정상 ⑥ 보인자
16 ① A ② Ⅷ
17 ① 지연된 ② 혈관 ③ 혈소판
18 ① 혈소판 과다파괴 ② 자반증 ③ 정상적인 골수
19 ① 전신성 혈관장애 ② 점상출혈 ③ 관절 ④ 사구체 출혈
20 ① 미세혈전 ② 혈소판 ③ 응고인자 ④ 섬유소원 ⑤ 섬유소 용해계
21 ① 적혈구 ② 혈소판
22 ① 정상 ② 저하
23 ① 백혈구 수 ② 호중구 비율 ③ 미성숙호중구 비율
24 ① 백혈병 진단 ② 악성세포
25 ① 관해유도 ② 관해강화 ③ 관해유지
26 ① 신경아세포종(= 신경모세포종) ② 신아세포종(= 윌름스 종양)
27 ① 호중구 ② 과립구집락자극인자인 뉴포젠

2 개념 인출 학습

01 백혈구 중 무과립구의 종류를 2가지로 제시하시오.

02 조혈기관 중 간의 구체적인 기능을 설명하시오.

03 빈혈의 정의를 설명하시오.

04 철분결핍성 빈혈과 악성 빈혈의 혈액검사 결과를 설명하시오.

05 철분결핍성 빈혈의 전형적인 빈혈증상을 순환, 소화, 신경, 감각, 피부으로 나누어 각각 설명하시오.

06 악성빈혈의 원인을 내적인자부족과 회장흡수장애로 나누어 각각 설명하시오.

07 Schilling test 시 1단계와 2단계 검사 시 투여하는 약물과 투여경로를 각각 설명하시오.

08 재생불량성 빈혈의 골수검사와 혈액검사 결과를 각각 설명하시오.

09 혈관폐쇄위기로 나타나는 골수성 허혈에 대해 설명하시오.

10 응고인자 Ⅰ, Ⅱ, Ⅲ의 명칭과 특징을 간략히 설명하시오.

11 혈우병의 정의를 설명하시오.

12 특발성 혈소판 감소성 자반증의 정의를 설명하시오.

13 아나필락시스양 자반증의 정의를 설명하시오.

14 아나필락시스양 자반증의 증상을 피부, 복부, 관절, 신장으로 나누어 각각 설명하시오.

15 산재성 혈관 내 응고증의 진단검사 결과를 설명하시오.

16 백혈병의 정의를 설명하시오.

17 백혈병 시 고요산혈증과 대사항진이 발생하는 근거를 각각 설명하시오.

18 급성 골수성 백혈병, 급성 림프성 백혈병, 만성 골수성 백혈병, 만성 림프성 백혈병의 특징을 1줄로 각각 설명하시오.

19 급성 림프성 백혈병의 골수부전 관련 증상을 설명하시오.

20 백혈병 시 감염예방을 위한 구강간호 방법 6가지를 제시하시오.

07 근골격계 건강문제의 간호와 관리

영역		기출영역 분석
병태생리		근골격계 구조와 기능
건강사정		팽윤징후, 부구감 검사 [2012]
수근관 증후군		증후군 검진법(Tinel, Phalen 징후) 및 해석법 [2015]
고관절 형성장애		특징적 징후, 가능한 빨리 치료받아야 하는 이유 [2018]
근이영양증 (진행성 근육 퇴화증)		주로 남성에서 볼 수 있는 질환 [1993], 베커형 근이영양증 [2013]
척추측만증		척추측만증 진단방법 – 전방굴곡검사 [1998, 2003, 2014, 2019]
		증상 [1992, 2003], 예방법 [2006]
류마티스 질환	류마티스 관절염	병리학적 소견 : 울혈/부종/관절낭염 [1992], 병태생리/징후 [2012]
		주호소, 류마티스 결절, 혈액검사와 X-ray 검사결과를 골관절염과 비교 [2014]
	강직성척추염	
	전신홍반성 낭창	원인, 역학적 특성, 자외선 노출과 스트레스와 증상과의 관련성, 발진 특성 [1992, 1996, 2020]
	연소성 류마티스양 관절염	소수관절형의 증상을 고려한 신체적 간호 [2008]
골관절염		병태생리/징후 [2012]
골대사장애	골다공증	의심할 수 있는 특징적인 증상 4가지 [2008]
		발생위험요인 [1998, 2010, 2013]
		예방법 [1998, 2013]
	통풍	병태생리/징후 [2012]
		원인물질과 악화요인 [1992-보기, 2014]
		정의, 급성통증 시 중재법, 프로베네시드 투여목적, 고퓨린 식이 섭취 시 질병악화 이유 [2018]
골연화증		치료 비타민(Vit D) [1992]
골연골종		[1993-보기]
감염성 질환		골수염
절단과 간호		의족착용 및 관리방법 [2013]

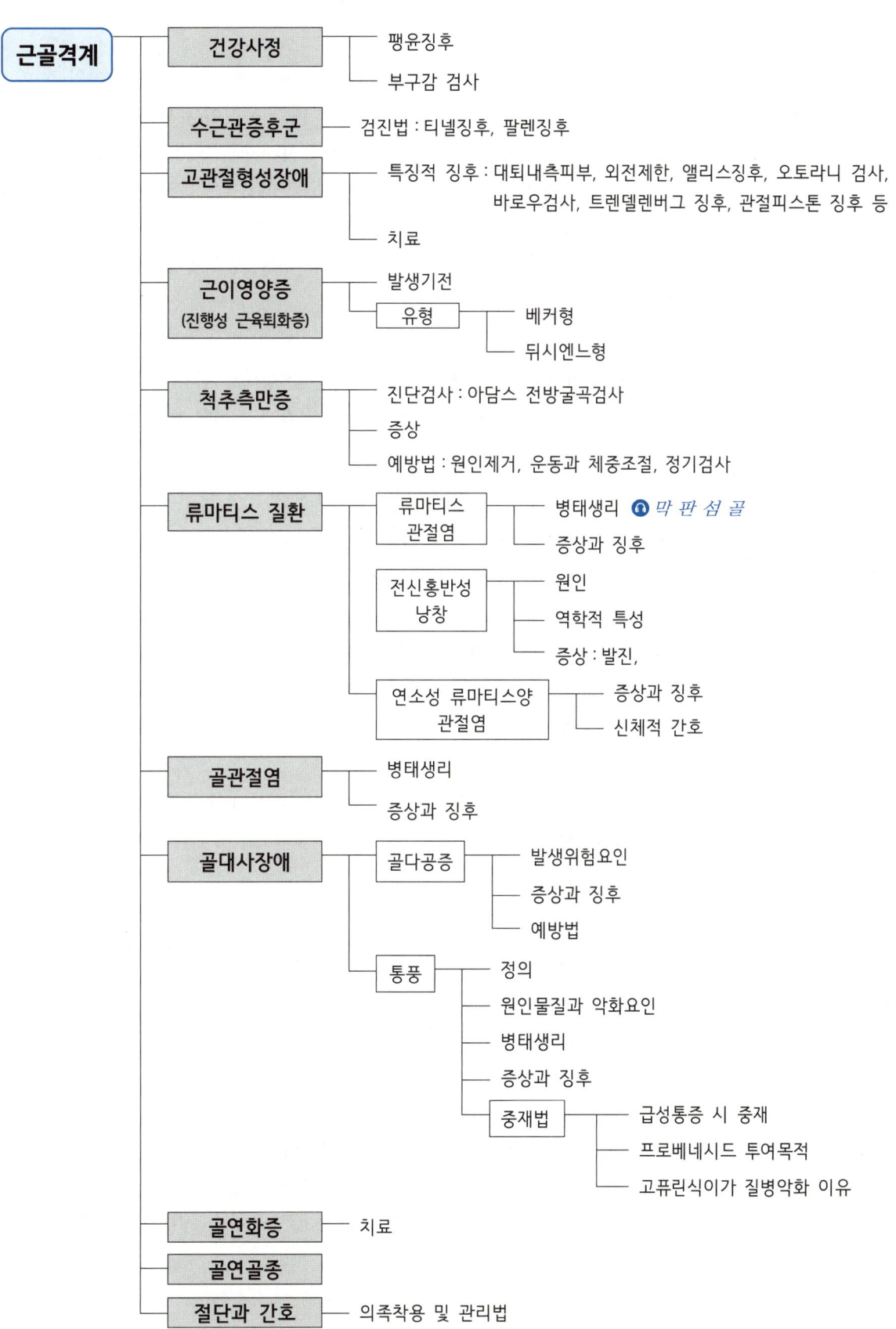

1 개념 정리 학습

01 뼈는 (①)로 형성되어 있으며, (②)세포, (③)세포, (④)세포의 3종류이 세포를 가지고 있다.

02 골격계의 기능의 특징으로 관절운동 중 (①)은 시상면(정중면)을 따라 고정된 뼈와 뼈 사이의 각이 감소하고 서로 가까워지는 운동이다. (②)은 시상면(정중면)을 따라 뼈와 움직이는 뼈 사이의 각이 커지고 서로 멀어지는 운동이다. (③)은 몸의 정중선 또는 정중면에서 사지가 멀어지도록 하는 운동이다. (④)은 몸의 정중선 또는 정중면에서 사지가 가까워지도록 하는 운동이다. (⑤)은 뼈의 긴 축을 중심으로 도는 운동이다. (⑥)은 굴곡-신전-내전-외전 등이 연속적으로 일어나는 것이다. (⑦)은 발목관절에서 가능한 운동범위로 발이 기본축보다 안쪽으로 휘는 것이다. (⑧)은 발목관절에서 가능한 운동범위로 발이 기본축보다 바깥쪽으로 휘는 것이다.

03 회전근개 손상을 확인하기 위한 낙하 상완검사는 손상된 팔을 (①)시킨 상태로 점차 팔을 내려서 (①)각도를 줄이도록 하고, 회전근개 손상 시 (②)도 전후의 어느 시점에서 갑자기 힘이 빠지며 팔이 떨어진다.

04 손목건초염을 확인하기 위한 (①) 검사는 (②)손가락을 접어서 손바닥에 붙이고, 다른 손가락으로 (②)손가락을 감싸 쥔 후에 (③)를 아래로 꺾어보는 방법이다. 이때 불편감이 없으면 정상소견이고, 엄지손가락과 이어지는 손목부분에서 통증이 느껴지면 손목건초염을 의심한다.

05 무릎 안정성을 확인하기 위한 라흐만 검사는 대상자를 앙와위로 눕히고, 검진자는 한 손으로 대상자의 무릎을 (①)도 각도로 굴곡시키고, 다른 손으로 대퇴를 고정시킨 상태에서 경골을 약간 (②)시키고, 앞쪽으로 (③)시킨다. 전십자인대손상 시 (④)이 앞쪽으로 밀린다.

06 무릎 안정성을 확인하기 위한 전위징후는 대상자를 앙와위로 눕히고, 대상자의 고관절을 (①)도, 무릎을 (②)도 굴곡시킨 상태에서 검진자는 엄지손가락으로 (③)을 촉지하고 (④)을 앞쪽으로 당기고, 동일한 방법으로 (④)을 뒤쪽으로 밀어서 검사한다.

07 무릎 안정성을 확인하기 위한 McMurray 검사는 대상자를 앙와위로 눕히고, 대상자의 손상된 다리의 무릎을 (①)도로 굴곡시킨다. 검사자는 한 손으로 대상자의 (②)을 잡고, 다른 손으로 (③)을 잡아 경골을 외회전, 내회전시키며 통증여부를 확인한다. 내측반월연골 손상 시 (④)회전 시 통증이나 딸깍거리는 소리가 나며, 외측 반월연골손상 시 (⑤)회전 시 통증이나 딸깍거리는 소리가 난다.

08 발달성 고관절 이형성증 신체검진 시 대퇴내측피부주름 검사는 신생아의 겨드랑이를 지지하여 세운 뒤 하지의 (①)과 (②) 부위를 관찰하면 비대칭적이거나 더 깊은 피부주름이 나타날 수 있다. 이는 (③)에 의해 대퇴골두가 뒤로 빠져나가면서 상대적으로 짧아진 뼈에 대해 내전-둔부주름이 생기는 것이다.

09 발달성 고관절 이형성증 신체검진 시 외전제한은 아기를 눕힌 상태에서 (①)관절과 (②)관절을 (③)도 굴곡시킨 상태에서 외전시키면 탈구가 있는 쪽 대퇴관절의 외전에 제한되어 있다. 생후 6주까지는 모체에서 분비된 (④)이 남아 있어 6주 이후에 의의가 있다.

10 발달성 고관절 이형성증 신체검진 시 오토라니 검사는 아동을 눕힌 후 (①)관절을 90도 굴곡시키고, (②)관절도 굴곡시킨 후 (③)는 대전자부에, (④)는 소전자부에 위치한 다음 대전자부를 내측으로 밀어 올리면서 외전시키면 '뚝'하는 느낌을 받는다.

11 발달성 고관절 이형성증 신체검진 시 바로우 검사는 아동을 눕힌 후 (①)관절과 (②)관절을 90도로 굴곡시키고, (③)를 소전자부에 위치한 다음 (④)으로 밀면 대퇴골 두부가 탈구된다.

12 발달성 고관절 이형성증의 교정 치료인 파브릭 보장구(Pavlik harness)는 생후 (①)개월 미만의 영아에게 가장 많이 사용하는 정복장치이다. 치료를 위한 고관절 움직임으로 고관절의 (②)과 60도 (③) 상태를 유지한다. 적용기간은 검사상 정상적으로 발달된 고관절을 보일 때까지 계속 적용한다.

13 진행성 근육 퇴화증(근이영양증)은 (①) 유전으로, (②) 염색체와 연관되어 있다. 병태생리로 유전적 변화로 인해 근육세포를 온전하게 유지하는 데 도움이 되는 골격극 단백질인 (③)의 변화로 인해 근섬유의 괴사가 빨리 진행된다. 근육세포 재생이 안 되며, 재생된 근섬유들은 (④)조직이나 (⑤)으로 대치되어 근육의 (⑥)비대가 나타나고, 근력이 저하되어 진행성 근육 퇴화가 진행된다.

14 진행성 근육 퇴화증(근이영양증)의 유형으로 (①)은 3~5세 사이 조기발현하고, 질병진행이 빠르며, 디스트로핀의 (②)이 특징이다. (③)은 6~19세에 발현하고, 질병진행이 느리며 디스트로핀의 (④)가 특징이다.

15 등심대 검사 중 서 있는 자세에서는 앞에서 (①) 높이의 차이를 보며, 여학생이라면 가슴의 크기 차이 등을 본다. 등 뒤에서는 (①)의 높이, (②)의 대칭성, (③)의 대칭성, (④) 높이의 차이를 관찰한다. 굴곡자세(아담스 전방굴곡검사)에서는 (⑤) 높이의 돌출과 (⑥) 높이의 돌출을 관찰한다.

16 「학교건강검진실시방법 및 기재방법 등에 관한 고시」에 제시된 척추측만증 검사법으로 양측 (①)의 높이, (②), (③)나 (④)의 돌출, 늘어뜨린 각각의 (⑤)과 (⑥)과의 거리를 비교한다.

17 류마티스 관절염은 (①)관절 내의 결합조직의 염증성 변화를 가져오는 만성적, 전신적인 (②)질환이다. 혈장 내 (③)인자가 존재한다. 주로 (④)관절 부위에 대칭적으로 발생한다. 아침에 조조강직으로 뻣뻣하며 (⑤)시간이 지난 후에야 부드러워진다.

18 전신홍반성 낭창은 (①) 및 (②)조직을 침범하는 만성 전신성 질환으로 관절, 혈액, 심장, 폐, 신사구체에 영향을 미치는 질환이다. (③)의 과다생산으로 인한 (④) 질환이다.

19 전신홍반성 낭창의 진단기준이 되는 피부증상으로 뺨에 (①)모양의 발진, (②)모양 홍반, (③)과민증, (④)궤양이 특징이다.

20 강직성 척추염은 1차적으로 축을 이루는 골격에 만성적인 염증을 일으키는 질환으로서 (①)의 골화가 특징적이다. 주로 아침에 일어났을 때 (②)과 (③)이 심하다. 척추 사이 결합조직이 침범되어 경화되고 염증과정이 모든 척추에 퍼지면 척추 전체가 한 덩어리의 뼈로 보이는 (④) 현상이 생긴다.

21 연소성 류마티스양 관절염(소아 특발성 관절염)은 아동에서 (①) 및 (②)조직을 침범하는 자가면역성 만성 염증성 질환군으로 (③)세 이하에서 최소 (④)주 이상 지속되는 관절염이 (⑤)개 이상 있다.

22 골관절염은 관절의 연골부의 (①)로 인하여 관절면의 뼈가 (②) 증식하는 퇴행성 변화이다. 폐경기 이후 (③)의 감소로 인한 연골세포 증식 감소, 분해 증가로 나타난다. 이환부위는 주로 (④)부위에 비대칭적으로 발생한다. 조조강직은 (⑤)분 이내에 사라지며, 활동 시 관절의 뻣뻣함이 심해졌다 휴식을 취하면 감소한다.

23 골다공증은 (①)이 감소되는 만성적이고 진행적인 골 대사성 질환으로 (②)세포의 기능저하로 나타난다. 골다공증에서 골밀도(T-값)는 정상 T-값 ≤ (③) 표준편차를 나타낸다. 골밀도 수치는 정상인의 평균 T-값을 기준으로 하여 뼈가 약해지는 정도를 표준편차를 이용하여 표시한 것이다.

24 통풍은 (①)의 신진대사장애로 (②)이 과잉 공급되거나 배설장애로 혈중 요산농도가 높아져 관절 주위 연부조직에 (③)가 축적되어 (④)을 일으키는 질환이다.

25 골연화증은 새로 생성되는 골기질의 석회화 이상으로 (①)의 감소가 초래되는 질환으로, 어린이의 골연화증을 (②)이라고 하고, 성인은 골연화증이라고 한다. 비타민 (③)의 부족이 원인으로 나타난다.

26 골연골종은 외골종이라고도 하며, 골종양 중 가장 빈도가 높은 종양이다. 흔히 (①)에 같이 커지다가 성장이 종료되면서 더 이상 커지지 않는다. 호발부위는 (②) 주변과 (③) 주변에서 호발하며, 어디에서나 발생이 가능하다.

27 골수염은 혈행성 감염질환으로 화농성 세균에 의한 뼈, 골수, 연조직의 감염이다. 원인은 (①), (②), E-coli 등이 있으며, 발병은 잠정적으로 또는 급성으로 일어난다.

28 슬관절 절단수술 후 (①) 예방을 위한 중재로, 무릎 위 절단 시는 하루 정도 (②)를 취해준다. 무릎 아래 절단 시는 무릎을 (③)시킨 상태에서 절단부위를 상승한다.

29 의지에 대한 적응으로 상처가 완전히 치유될 때까지 (①)이 절단부에 심하게 가해지지 않도록 한다. 절단부 간호로 찰과성이 있을 때는 일회용 밴드는 (②)을 자극하므로 사용하지 않는다. 청결 후에는 아무것도 바르지 않는다. 매일 아침 의지 착용 전 의지 속(소켓)을 깨끗이 마른 수건으로 닦는다(의지 속이 젖어 있으면 절단부의 (③)과 (④)을 유발한다.

01 ① 교원질(콜라겐) ② 골아 ③ 골 ④ 파골
02 ① 굴곡 ② 신전 ③ 외전 ④ 내전 ⑤ 회전 ⑥ 회선 ⑦ 내번 ⑧ 외번
03 ① 외전 ② 90
04 ① 핑겔스타인 ② 엄지 ③ 손목
05 ① 20~30 ② 외회전 ③ 전위 ④ 경골
06 ① 45 ② 90 ③ 무릎 관절선 ④ 경골
07 ① 90 ② 발목 ③ 무릎 ④ 외 ⑤ 내
08 ① 대퇴내측 ② 둔부 ③ 탈구
09 ① 대퇴 ② 슬 ③ 90 ④ relaxin
10 ① 대퇴 ② 슬 ③ 중지 ④ 엄지 ⑤ 외전
11 ① 고 ② 슬 ③ 엄지 ④ 후외방
12 ① 6 ② 굴곡 ③ 외전
13 ① 반성 열성 ② X ③ Dystrophin ④ 결합 ⑤ 지방 ⑥ 가성
14 ① 뒤시엔느형 ② 완전결핍 ③ 베커형 ④ 감소(비정상)
15 ① 좌우 어깨 ② 견갑골 ③ 허리선 ④ 골반 ⑤ 좌우 등 ⑥ 허리
16 ① 장골능 ② 어깨선 ③ 엉덩이 ④ 견갑골 ⑤ 팔 ⑥ 몸통
17 ① 활막 ② 자가면역 ③ 류머티즘 ④ 소 ⑤ 30분~1
18 ① 혈관 ② 결체 ③ 자가항체 ④ 자가면역
19 ① 나비 ② 원반 ③ 광선 ④ 구강
20 ① 척추인대 ② 요통 ③ 강직 ④ 죽상척추
21 ① 관절 ② 결합 ③ 15 ④ 6 ⑤ 1
22 ① 마모 ② 과잉 ③ 에스트로겐 ④ 체중부하 ⑤ 30
23 ① 골질량 ② 조골 ③ -2.5
24 ① 퓨린 ② 요산 ③ 요산결정체 ④ 발작성 관절통
25 ① 골밀도 ② 구루병 ③ D
26 ① 급성장기 ② 무릎 ③ 어깨 관절
27 ① 황색포도상구균 ② 연쇄상구균
28 ① 관절구축 ② 복위 ③ 신전
29 ① 체중 ② 연한 피부면 ③ 감염 ④ 손상

2 개념 인출 학습

01 무릎 삼출물을 확인하기 위한 팽륜징후 검사와 부구감 검사를 설명하시오.

02 수근관 증후군의 정의를 답하시오.

03 수근관 증후군의 진단검사 중 Tinel 징후와 Phalen 징후를 설명하시오.

04 발달성 고관절 이형성증의 정의를 답하시오.

05 발달성 고관절 이형성증 이환 시 가능한 빨리 치료를 시작해야 하는 이유를 설명하시오.

06 발달성 고관절 이형성증 신체검진 중 Galeazzi sign(Allis sign)을 설명하시오.

07 발달성 고관절 이형성증 신체검진 중 관절 피스톤 징후를 설명하시오.

08 진행성 근육 퇴화증(근이영양증)의 정의를 답하시오.

09 진행성 근육 퇴화증(근이영양증)의 병태생리를 설명하시오.

10 진행성 근육 퇴화증(근이영양증)의 증상 중 Gower 징후를 설명하시오.

11 진행성 근육 퇴화증(근이영양증)의 증상 중 근육의 가성비대가 발생하는 기전을 설명하시오.

12 척추측만증의 정의를 답하시오.

13 등심대 검사 중 기본자세와 굴곡자세(아담스 전방굴곡검사)를 설명하시오.

14 류마티스 관절염의 병태생리를 설명하시오.

15 류마티스 관절염의 관절증상 중 Boutonniere 기형, Swan-neck 기형, 척골편위(척골기형)을 설명하시오.

16 류마티스 관절염의 혈액검사 결과와 방사선 소견을 답하시오.

17 류마티스 관절염의 치료 약물인 메토트렉세이트(MTX)의 약리기전을 답하시오.

18 전신홍반성 낭창의 병태생리를 설명하시오.

19 전신홍반성 낭창에서 발생할 수 있는 레이노드 현상에 대해 설명하시오.

20 연소성 류마티스양 관절염(소아 특발성 관절염)의 유형 중 소수관절형의 특징을 설명하시오.

21 골관절염의 병태생리를 설명하시오.

22 골관절염에서 Heberden 결절과 Bouchard 결절을 설명하시오.

23 골관절염의 X-선 검사결과를 답하시오.

24 골다공증에서 여성이 남성보다 많은 이유를 설명하시오.

25 비만인 사람에게서 골다공증의 발생이 적은 이유를 설명하시오.

26 골다공증의 치료약물인 bisphosphonate(Alendronate)의 약리작용과 주의점을 설명하시오.

27 골다공증의 예방법인 체중부하 운동의 방법과 효과를 답하시오.

28 통풍에서 발작성 통증이 발생하는 기전을 설명하시오.

29 통풍이 엄지발가락 관절에 주로 호발되는 이유를 설명하시오.

30 통풍 이환 시 고퓨린 식이를 제한하는 이유를 설명하시오.

31 통풍 치료약물인 알롶퓨리놀(Allopurinol), 콜히친(Colchicine), 프로베네시드(Probenecid)의 약리작용을 설명하시오.

32 통풍의 급성 발작 시 간호중재를 답하시오.

CHAPTER 08 신경계 건강문제의 간호와 관리

영역	기출분석 영역		
병태생리	신경계 구조와 기능 : 혈관뇌장벽 명칭 2021		
건강사정	GCS 점수가 의미하는 자극-반응 2015		
	뇌신경 검사	측두근과 저작근 운동에 관계되는 뇌신경 1992, 1995	
		우측 연구개가 올라오지 않고, 목젖이 왼쪽으로 편위되는 것과 관련된 뇌신경 1992	
		제1, 제3, 제7, 제8, 제11 뇌신경 검진방법 2012	
	슬개건 반사 : 2+ 의미 2009		
	병리적 검사의 의미 1992		
기능장애	ICP 상승	나타나는 증상 1992	
		두통의 생리적 기전 5단계 2005	
뇌성마비	수반되는 가장 두드러진 장애 - 언어장애 1994		
수두증(= 뇌수종)	일몰 징후, 마퀴인 징후 2018		
이분척추증			
라이증후군	아스피린 사용 시 라이증후군이 나타날 수 있는 질환 1993		
다발성 신경감염증후	= Gillian-Barre 증후군 1993-보기		
감염성 질환	뇌수막염	의심되는 학생에게 적용할 수 있는 뇌막자극 징후 2가지 이름과 그 설명 1992, 2007, 2014, 수막자극징후 ; 경구강직 2025	
뇌종양	흔히 발생하는 뇌세포 2021		
	뇌종양에 의해 발생되는 기전을 구토 중추의 명칭을 포함하여 서술 2021		
뇌전증 (= 간질)	소발작 간질 - 설명 1992		
	Dilantin 복용하는 간질환자에게 나타나는 부작용 1995		
	간질발작 중재 2002, 2013		
열성경련	뇌전증과 비교 1996		
뇌혈관성 질환	뇌동맥 경화증	동맥경화증의 뇌 징후와 노인성 치매 비교, 증상(기억력 장애, 실어증), 예후 1993	
	뇌졸중	증상 2018-지문, 신시내티 병원 전 뇌줄중 척도(CPSS) 2025	
		일과성 허혈성 발작 진단 후 아스피린 투여 목적(약 효능중심으로) 2025	
퇴행성 질환	파킨슨씨병	병태생리, 역학, 약물, 관리 : 운동 1992	
	알츠하이머병	증상(기억장애, 작화증, 지남력 장애와 진행순서, 실행증/실인증, 병태생리) 1993, 2010	
		메만틴 약물 작용기전, 증상(섬망, 파국증상, 일몰증후군) 2022	
	중증근무력증		
	다발성 경화증		
말초신경질환	삼차신경통		
	안면신경마비		
추간판탈출증			

마이-맵을 활용한 학습요점 정리

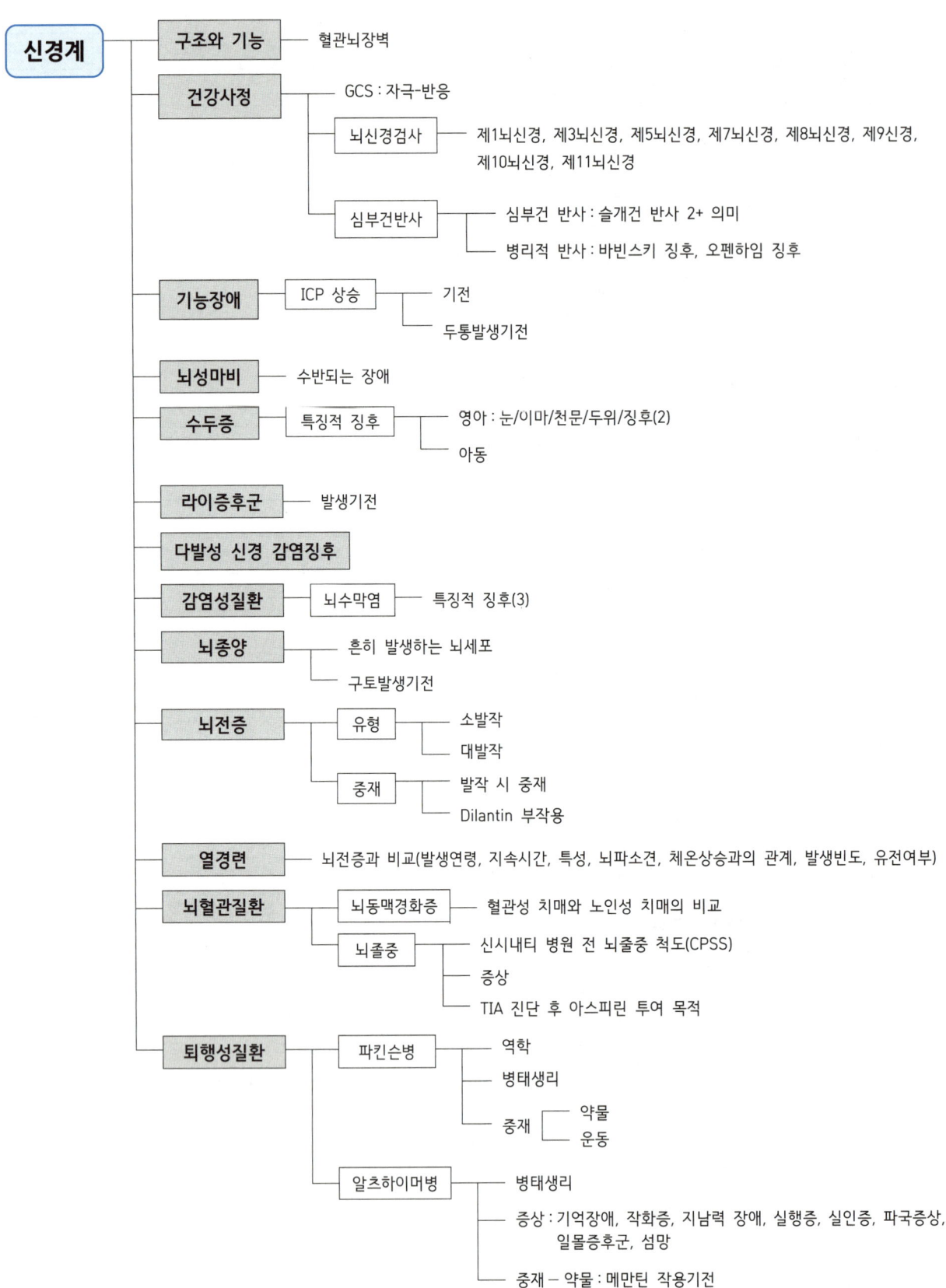

1 개념 정리 학습

01 신경계의 가장 기본단위는 (①)이며, (②), (③), (④)으로 구성된다. (⑤)는 정보가 한 신경원에서 다른 신경원으로 이동하는 현상이다. 신경교세포(지지세포)의 종류에는 (⑥), (⑦), (⑧), (⑨)가 있다.

02 중추신경계는 (①)와 (②)로 구성된다. 대뇌의 전두엽은 (③)영역으로 언어의 표현을 담당하며, 측두엽은 (④)영역으로 언어의 이해를 담당한다. 변연계는 정서조절을 담당하는 (⑤)와 기억을 담당하는 (⑥)로 구성된다. 뇌간은 (⑦), (⑧), (⑨)로 구성되며, 인식과 각성을 조절하는 (⑩)가 넓게 분포되어 있다.

03 중추신경계의 척수는 척추관 속에 위치하는 손가락 굵기의 원추모양 신경이다. 31개의 분절로 구성되며 (①)개의 경수, (②)개의 흉수, (③)개의 요수, (④)개의 천수, (⑤)의 미수로 구성된다.

04 말초신경계는 (①)신경, (②)신경, (③)신경으로 구성된다. 자율신경계는 (④)신경계와 (⑤)신경계로 나뉘고 상호 길항작용한다.

05 Glasgow Coma Scale(GCS)는 (①)반응, (②)반응, (③)반응으로 구성된다. 정상은 (④)점, 중등도는 (⑤)점, 혼수는 (⑥)점, 완전혼수는 (⑦)점 미만이다.

06 뇌신경 중 제1뇌신경은 (①)신경, 제2뇌신경은 (②)신경, 제3뇌신경은 (③)신경, 제4뇌신경은 (④)신경, 제5뇌신경은 (⑤)신경, 제6뇌신경은 (⑥)신경, 제7뇌신경은 (⑦)신경, 제8뇌신경은 (⑧)신경, 제9뇌신경은 (⑨), 제10뇌신경은 (⑩), 제11뇌신경은 (⑪)신경, 제12뇌신경은 (⑫)신경이다.

07 제5뇌신경은 (①)신경, (②)신경, (③)신경의 형태로 구성된다. 제7뇌신경은 혀의 전방 (④)의 미각을 담당하며, 제9뇌신경은 혀의 후방 (⑤)의 미각을 담당한다. 제8뇌신경은 (⑥)신경, (⑦)신경으로 구성된다. 제11뇌신경 검사로 (⑧)을 검사하기 위해 손을 대상자의 얼굴에 댄 다음 고개를 돌려 밀어보게 하여 반대편 (⑧) 수축을 관찰하고, (⑨)을 검사하기 위해 검사자의 힘에 대항하여 어깨를 으쓱해서 위로 올려보게 한다.

08 심부건 반사는 평가기준이 0~4까지이고, 0은 (①), 1+는 (②), 2+는 (③), 3+는 (④), 4+는 (⑤)을 의미한다. 심부건 반사의 (⑥)은 신경증이나 하위 신경원(말초)의 손상을 의미하고, (⑦)은 상위 신경원(중추)의 손상을 의미한다.

09 뇌압상승은 두개강내 압력이 (①)mmHg 이상으로 상승한 상태로 정상범위는 (②)mmHg이다. 두개내압은 두개내 3가지 구성성분인 (③), (④), (⑤) 등의 총 용적에 의해 생기는 압력이다.

10 뇌압상승의 3대 증상은 (①), (②), (③)이다. 뇌압상승 시 후기에 나타나는 V/S 변화인 Cushing Triad(쿠싱 3요소)는 (④), (⑤), (⑥)이다.

11 두개내압 상승과 관련된 비정상 호흡양상 중 체인-스톡호흡은 (①)호흡과 (②)호흡의 반복이 나타난다. (③)신경에 의한 과호흡은 빠르고 깊은 호흡이 규칙적으로 지속된다. 무기문식 호흡은 (④)가 연장되거나 (⑤) 전 호흡이 중단되는 시기가 반복된다. 군집 호흡은 불규칙적인 호흡의 중단 후에 (⑥) 호흡이 뒤따른다. (⑦) 호흡은 완전히 불규칙적인 느린호흡이다.

12 뇌성마비는 뇌의 (①)중추 손상으로 운동 및 (②)조절 장애를 특징으로 하는 질환으로 비진행성 장애이다. 무정위형(운동 이상성)은 (③) 내 손상이 있을 때 발생하고, 강직성(경직성)은 (④)에 장애가 있을 때 발생하며, 운동실조성(무긴장증)은 (⑤)에 문제가 있는 경우 발생한다.

13 수두증(뇌수종)은 (①)의 생성, 순환, 흡수의 불균형으로 뇌에 비정상적으로 (①)이 축적된 상태로, (②)증가가 가장 특징적이다.

14 이분척추증은 태생기 (①)의 융합부전으로 초래된 (①) 결함의 하나로 척추와 (①)의 골 폐쇄부전을 특징으로 한다. 배아발달시기(임신 3~4주)에 (①)이 불완전하게 닫혀 생기는 것으로 임신 초기 (②) 부족으로 발생한다.

15 라이증후군은 (①)과 (②)의 미세혈관에 (③)축적을 동반하는 생명을 위협하는 뇌질환이다. 원인으로 인플루엔자 B, 수두, adenovirus, 엡스타인 바이러스, 콕사키 바이러스와 같은 경미한 바이러스 질병 후 발생한다. 질병 치료를 위해 (④)의 사용과 라이증후군의 관계가 의심된다.

16 다발성 신경감염증후(Guillian-barre 증후군)는 진행성으로 갑자기 (①)신경이 탈수초화되는 드문 감염성 다발성 신경병증으로, 보통 (②) 이완성 마비를 동반한다.

17 뇌수막염은 뇌와 척수를 둘러싸고 있는 연막, 거미막의 급성 감염으로 (①)의 염증이다. 바이러스성, 세균성, 결핵성 등 어떠한 뇌막염에서도 뇌척수압과 (②)은 반드시 상승하므로, 세포수의 증가, 특히 다핵성과 단핵성 어느 쪽의 (③)가 우위로 증가하는지 여부와 (④) 저하 발생여부가 감별의 포인트이다.

18 뇌종양은 뇌신경세포보다는 지지세포인 (①)에서 흔히 발생한다. 뇌종양환자에게 화학요법은 약물이 (②)을 통과하기 어렵고, 종양세포의 이질성, 종양세포의 약물에 대한 저항성으로 제한적으로 사용된다.

19 (①)은 뇌의 비정상적인 전기방출로 갑자기 불수의적이고 비정상적으로 과다하게 방전되는 현상이다. (②)은 다른 급성질환을 동반하지 않고 (①)행위가 반복적으로 나타나는 것이다. (③)은 발작 사이에 회복 없이 발작이 10분 이상 지속되거나 30분 이상 반복적으로 발생하는 응급상황이다.

20 뇌전증의 유형 중 단순부분발작은 의식이 정상이고, 발작을 자각하며 전조증상은 없다. 복합부분발작은 의식장애가 (①)분 나타나고, 전조증상이 있다. 긴장성-간대성(대발작)은 의식상실이 나타나고 (②)는 10~20초간 지속되며, 의식상실, 전신근육강직 등이 나타난다. (③)는 30~40초 지속되며 근육이 율동적으로 경련하며, 청색증, 침을 흘림, 실금, 실변, 혀를 깨무는 증상이 나타날 수 있다.

21 열성경련은 신경계는 정상이지만 바이러스로 인한 상기도 감염 등에 의한 급속한 (①)상승과 관련된 일시적 장애이다. (②) 발작의 한 유형으로 보통 (③)℃를 넘는 갑작스런 고열을 동반한다.

22 뇌졸중은 뇌의 갑작스런 (①) 감소로 인해 (②) 신경계의 기능장애가 오는 응급상황을 포괄적으로 나타내는 용어이다. 허혈성 뇌졸중은 뇌의 어느 한 부분에 (③) 또는 (④)에 의해 혈액공급의 장애로 인해 기능을 갑자기 상실하는 것이다. 출혈성 뇌졸중은 (⑤)이 파열되는 뇌실질 내 출혈, 거미막하 출혈을 일으키는 뇌동맥류가 있다.

23 뇌졸중의 증상 및 징후로 (①)은 움직일 수는 있으나 자신이 의도하는 대로 사용하지 못하는 것이다. (②)은 시각, 청각, 촉각, 기타 감각 정보의 해석 장애로 감각은 있으나 물체를 인식하지 못하는 것이다. Honer 증후군은 눈과 연결된 교감신경 장애로 4대 징후로 (③), (④), (⑤), (⑥)가 있다.

24 파킨슨씨병은 움직임을 조절하는 두뇌구조에서 신경전달물질인 (①) 부족으로 발생하는 만성 진행성 신경계 질환이다. 파킨슨씨병은 중추신경계의 (②)을 침범하여 기저핵 안의 흑색질에 있는 (①) 생성 신경세포의 퇴행으로 인하여 (③)가 손상되어 조화를 이룬 움직임과 반자율적 운동조절을 못하는 질병이다.

25 파킨슨씨병의 4대 증상은 (①), (②), (③), (④)이다.

26 파킨슨씨병 levodopa의 투여지침으로 공복 시 흡수가 잘되나 오심이 있으면 (①)과 함께 투여한다. (②)은 레보도파에 길항작용을 하므로 (②) 섭취를 제한하거나 최소화한다. (③)은 레보도파의 흡수를 방해하므로 일정기간 단백질 섭취를 피해야 한다. 피리독신은 간에서 전환을 증가시키고 뇌에서 도파민의 전환능력을 감소시키므로 (④) 보충제제는 금해야 한다.

27 알츠하이머는 (①)기능이 진행성으로 회복 불가능할 정도로 악화되는 치매의 유형이다. 알츠하이머는 (②) 전구체를 분해하지 못하여 뇌에 축적되어 신경원 손상을 일으킨다. 대뇌신경세포에서 (③) 전달 효소효능이 감소되어 (④) 흡수저하로 인지기능의 저하가 나타난다.

28 알츠하이머의 치료약물인 Memantine은 신경인지장애 환자의 (①)기능과 (②)능력을 향상시킨다. Memantine은 (③)의 작용을 억제하고, (④) 수용체의 활성화를 감소시킨다.

29 중증근무력증은 자가면역반응으로 (①) 항체가 (①) 수용체의 수를 감소시킨다. 합병증으로 (②) 위기는 약물 과다사용으로 인한 중독반응이 나타난다. (③) 위기는 질환이 악화되는 기간에 내늑간근과 횡격막 근육이 심각하게 허약해지면서 발생한다. 진단검사 중 (④) 검사는 항아세틸콜린에스테라아제 성분인 (④)을 정맥주사한 후 근육수축력의 향상을 보이는 것이다. 약해진 근육이 잠시나마 근력이 강해진 느낌을 받는 것이 (⑤)이다.

30 다발성 경화증은 (①) 신경계의 수초탈락으로 인한 진행성 신경학적 손상이다. 수초가 없어 축삭의 파괴는 모든 자극의 전달을 차단시키며 영구적인 기능상실을 가져온다. 증상 중 (②) 징후는 흉부하부와 복부에서 신경근 통증, 목을 구부릴 때 전기쇼크와 같은 감각이 척수 아래로 퍼져나가는 듯한 증상이다.

31 삼차신경통은 제(①)번 뇌신경장애로 삼차신경의 3개 분지인 (②)신경가지, (③)신경가지, (④)신경가지 중 하나 이상의 신경분지에 견디기 어려운 반복적인 발작적 통증이다.

32 안면신경마비는 제(①)번 뇌신경을 침범하는 가장 흔한 신경학적 장애로, 혀의 전방 (②)미각이 상실된다.

33 수핵 탈출증은 (①)이 (②)을 뚫고 나가서 탈출을 일으키는 것을 말하며, 추간판 탈출증이라고도 한다. 진단검사 중 (③)검사는 대상자를 베개를 베지 않고 똑바로 눕게 한 후 검사자는 대상자의 발목 뒤를 잡고 무릎을 신전시킨 상태를 유지하며 다리를 올릴 때 (④)도 사이에서 (⑤)와 (⑥)에 방사통이 발생하면 추간판탈출증을 의심한다. 물건을 들때는 물건 가까이에 몸을 대고 (⑦)는 곧게 펴고 (⑧)은 굽힌 상태에서 (⑨)근육을 이용하여 물건을 들어올린다.

01 ① 신경원(뉴런) ② 세포체 ③ 수상돌기 ④ 축삭 ⑤ 시냅스 ⑥ 별아교세포 ⑦ 뇌실 세포 ⑧ 미세아교 세포
　 ⑨ 희돌기교 세포
02 ① 뇌 ② 척수 ③ 브로카 ④ 베르니케 ⑤ 편도체 ⑥ 해마 ⑦ 중뇌 ⑧ 뇌교 ⑨ 연수 ⑩ 망상활성계
03 ① 8 ② 12 ③ 5 ④ 5 ⑤ 1
04 ① 뇌 ② 척수 ③ 자율 ④ 교감 ⑤ 부교감
05 ① 눈 ② 언어 ③ 운동 ④ 13~15 ⑤ 9~12 ⑥ 3~8 ⑦ 3
06 ① 후각 ② 시 ③ 동안 ④ 활차 ⑤ 삼차 ⑥ 외전 ⑦ 안면 ⑧ 청 ⑨ 설인 ⑩ 미주 ⑪ 척수부 ⑫ 설하
07 ① 안와 ② 상악 ③ 하악 ④ 2/3 ⑤ 1/3 ⑥ 전정 ⑦ 와우 ⑧ 흉쇄유돌근 ⑨ 승모근
08 ① 무반응 ② 약간 감소 ③ 정상 ④ 항진 ⑤ 현저한 항진 ⑥ 소실 ⑦ 항진
09 ① 20 ② 0~15 ③ 뇌 조직 ④ 혈액 ⑤ 뇌척수액
10 ① 두통 ② 사출성 구토 ③ 유두부종 ④ 수축기압 상승, 이완기압 저하, 평균동맥압 상승 ⑤ 서맥
　 ⑥ 불규칙한 호흡양상
11 ① 과 ② 무 ③ 중추 ④ 흡기 ⑤ 호기 ⑥ 집락성 ⑦ 운동실조성
12 ① 운동 ② 체위 ③ 기저핵 ④ 뇌의 피질 ⑤ 소뇌
13 ① 뇌척수액 ② 뇌압
14 ① 신경관 ② 엽산
15 ① 간 ② 신장 ③ 지방 ④ 아스피린
16 ① 말초 ② 상행성
17 ① 뇌척수액 ② 단백질 ③ 백혈구 ④ 당
18 ① 신경교세포 ② 혈액뇌장벽
19 ① 발작 ② 간질 ③ 중첩발작
20 ① 1~3 ② 강직기(긴장기) ③ 간대기
21 ① 체온 ② 긴장성/간대성 ③ 39
22 ① 혈류 ② 중추 ③ 혈전 ④ 색전 ⑤ 뇌혈관
23 ① 실행증 ② 실인증 ③ 동공수축 ④ 안검하수 ⑤ 무한증 ⑥ 안구함몰
24 ① 도파민 ② 기저신경절 ③ 추체외로계
25 ① 떨림 ② 경축(뻣뻣) ③ 서행증(운동불능) ④ 불안정한 체위
26 ① 음식 ② 알코올 ③ 아미노산 ④ Vit B$_6$
27 ① 지적 ② 아밀로이드 베타 단백질 ③ 콜린아세틸 ④ 아세틸콜린
28 ① 인지 ② 일상생활 ③ 글루타메이트 ④ NMDA
29 ① 아세틸콜린 ② 콜린성 ③ 근무력성 ④ 텐실론 ⑤ 양성
30 ① 중추 ② 레미떼
31 ① 5 ② 안와 ③ 상악 ④ 하악
32 ① 7 ② 2/3
33 ① 수핵 ② 섬유륜 ③ Lasegue(하지직거상) ④ 30~70 ⑤ 허리 ⑥ 다리 ⑦ 허리 ⑧ 무릎 ⑨ 대퇴

2 개념 인출 학습

01 뇌척수액의 기능을 답하시오.

02 혈액뇌장벽의 정의와 기능을 설명하시오.

03 Glasgow Coma Scale(GCS)에서 눈의 반응 2점, 언어 반응 2점, 운동 반응 3점을 설명하시오.

04 뇌신경 12개의 명칭을 답하시오.

05 거고근 반사의 검사방법과 반응을 설명하시오.

06 바빈스키반사의 검사방법과 비정상 반응을 설명하시오.

07 뇌압상승 시 정상적인 보상기전인 Monro-kellie의 원리를 설명하시오.

08 뇌압상승의 3대 증상을 제시하고, 발생기전을 설명하시오.

09 뇌압상승 시 초기에 의식수준의 변화가 나타나는 기전을 설명하시오.

10 뇌압상승 시 후기에 나타나는 V/S 변화인 Cushing Triad(쿠싱 3요소)를 답하시오.

11 뇌압상승과 관련된 비정상 호흡양상 중 체인-스톡 호흡, 무기문식 호흡의 특징을 답하시오.

12 뇌압상승 시 사용하는 삼투성 이뇨제인 Mannitol의 작용기전을 설명하시오.

13 수두증(뇌수종)의 정의를 답하시오.

14 수두증(뇌수종)에서 나타나는 일몰 징후, 매퀴인 징후를 설명하시오.

15 수두증(뇌수종)에서 요추천자의 방법을 설명하시오.

16 뇌수막염의 3대 징후를 제시하고 설명하시오.

17 뇌전증의 치료약물인 phenytoin(Dilantin)의 약리작용을 설명하시오.

18 뇌전증 발생 시 가장 우선적으로 취해주어야 하는 중재를 설명하시오.

19 일과성 허혈성 발작(TIA)의 정의를 답하시오.

20 혈관성 치매와 알츠하이머 치매의 경과(진행양상)을 답하시오.

21 뇌졸중에서 편마비가 나타난 대상자의 흡인예방 중재를 설명하시오.

22 뇌졸중 척도인 신시내티 병원 전 뇌졸중 척도(CPSS)는 얼굴마비, 팔근육약화, 언어장애로 구분된다. 이를 확인하는 방법을 설명하시오.

23 뇌졸중에서 일과성 허혈증의 관리로 사용되는 아스피린의 약리작용을 설명하시오.

24 파킨슨병의 병태생리를 설명하시오.

25 파킨슨병의 치료 약물인 levodopa의 약리작용을 설명하시오.

26 알츠하이머의 증상 중 작화증, 섬망의 정의를 답하시오.

27 알츠하이머의 증상 중 파국반응, 일몰증후군의 정의를 답하시오.

28 알츠하이머의 치료약물 중 콜린에스테라제억제제의 약리작용을 서술하시오.

29 알츠하이머 환자에 대한 간호로 생애회상요법의 효과를 답하시오.

CHAPTER 09 내분비계 건강문제의 간호와 관리

영역	기출영역 분석			
병태생리	내분비계 구조와 기능			
	성장호르몬 분비기관 1996			
뇌하수체 장애	시몬드병 : 정의 1992			
	시한증후군 2019			
	뇌하수체 선종 : 증상 2011			
갑상선 장애	갑상선 호르몬 기능 2024			
	기능항진	안구 돌출증 1992		
	기능저하	점액수종/크레티니즘 1992, 1996		
부갑상선 장애	부갑상선 호르몬 기능 2024			
	기능항진	정의 1992		
	기능저하			
부신 장애	피질장애	기능 항진	쿠싱증후군 : 정의 1992, 1996-보기	
			알도스테론증	
		기능 저하	에디슨병(정의/기초대사량 이상 감소 관련) 1992, 증상 1995, 글루코르티코이드 호르몬을 고용량으로 투여하다가 갑자기 중단 시 위험 2021	
	수질장애	기능 항진	갈색세포종	
당뇨병	특징	• 증상이 나타나는 병태생리 기전 1999 • 소아당뇨 : 특징 1992, 1994, 1996, 밀월(허니문) 기간의 특징 2025		
	진단	당화혈색소 2010, 2014		
	합병증	급성	저혈당	증상 1995, 1997, 2016
				응급처치 1997, 중재 2011, 2012, 글루카곤 2022
			DKA	3다 증상(다뇨, 다갈, 다식) 외에 보건교사가 관찰할 수 있는 증상 6가지 1999, 2006, 2010
				산-염기 불균형 및 증상의 발생기전 2017
		만성	당뇨발	발 관리 2009, 2011, 2019, 병태생리 2019
	치료	식이 2010	교환식이 2014	
			식이구성 : 탄수화물 구성 비율 2009	
		인슐린	종류	속효성 인슐린 1993, 2012, 중간형 인슐린 2011, 2012
			인슐린 주사	주사부위 2009
			합병증	소모기 현상의 명칭과 기전 2016
		경구혈당강하제	클로르프로파미드(chlorpropamide, Diabinese) 2012	
		운동	운동지침 1997, 운동 금기 상황 2009, 2010, 혈당이 높을 때 소변검사 항목 2025, 케톤 검출되는 고혈당 상황에서 운동 시 고혈당 악화기전 2025, 인슐린 맞은 부위 근육을 사용하는 운동을 피해야 하는 이유 2025	
		기타	당뇨 지침을 잘 이행하는지 확인하기 위해 미리 보건교사가 알고 있어야 할 내용 1997	
			감염이 혈당에 미치는 영향 2009	

마이-맵을 활용한 학습요점 정리

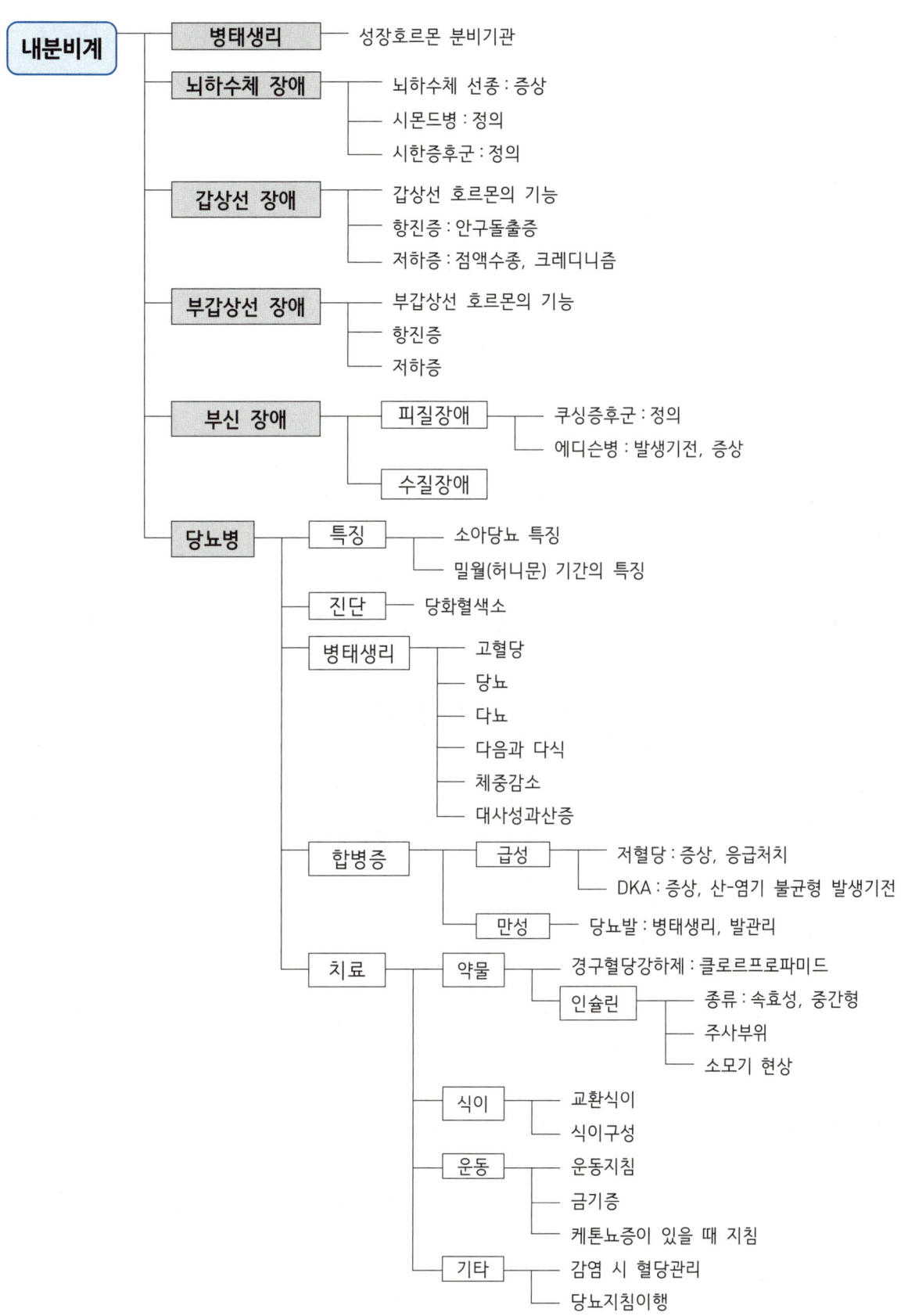

1 개념 정리 학습

01 옥시토신은 유선선방의 (①)를 수축시키고, 유즙을 유선선방에서 (②)으로 분출시킨다. 자궁에서는 (③)을 수축시킴으로써 (④)의 진행을 촉진시키고 태반만출 후의 출혈을 최소화한다.

02 노르에피네프린의 기능은 (①), (②), (③), (④)이다.

03 부신피질자극호르몬 증가 시 (①), 감소 시 (②)이 발생한다.

04 성장호르몬 증가 시 (①), 감소 시 (②)이 발생한다.

05 T_3, T_4 증가 시 (①), 감소 시 (②)이 발생한다.

06 성장호르몬의 분비샘은 (①)이다.

07 뇌하수체 기능저하증은 (①)에서 분비되는 (②) 이상의 호르몬이 결핍되어 초래되는 것이다. 또한 뇌하수체 기능저하증은 (③)병이라고도 한다.

08 뇌하수체 기능저하증으로 발생하는 시야협착은 (①)이 특징적이다.

09 항이뇨호르몬 부적절분비증후군의 병태생리는 (①)호르몬 계속 분비 → 수분축적 → 혈액희석 → (②) → 혈량 증가 → 사구체여과율 증가 → (③) → 소변의 소듐손실 증가 → (②) 악화로 나타난다.

10 요붕증의 병태생리는 (①)호르몬의 결핍 → 신장의 (②)과 (③)에서 수분재흡수 기능 손상 → 다량의 희석된 소변 배설[소변삼투압 (④)]로 나타난다.

11 항이뇨호르몬 부적절분비증후군의 요비중은 (①)하고, 요붕증의 요비중은 (②)한다.

12 뇌하수체 선종 중 호산세포 종양은 (①), (②)이 과량 생성되는 것이다. 호염기세포 종양은 (③), (④), (⑤), (⑥)이 과량생성되는 것이다.

13 뇌하수체 선종으로 (①)가 압박받으면 시각신경의 일부가 장애를 받아 (②)이 된다.

14 뇌하수체 선종으로 (①)과 (②)이 자극을 받으면 이마나 안와의 둔통, 중압감이 나타난다.

15 갑상선기능저하증은 (①) 또는 (②)라고 한다.

16 갑상선기능항진증에서 (①)징후는 안열확대가 나타나는 것이다. (②)징후는 깜박임 횟수가 감소하는 것이다. (③)징후는 아래를 보면 위눈꺼풀은 함께 내려오는 것이 정상반응인데, 상안검이 부종으로 느리게 반응하는 것이다.

17 항갑상샘제인 (①)는 (②) 이용을 차단시켜 갑상샘 호르몬의 합성을 방해한다. 복용법은 하루에 (③)번 투여한다.

18 갑상샘제인 (①)는 심혈관 질환예방을 위해 (②)으로 시작한다.

19 갑상선 절제술 후 초래되는 합병증으로 (①)장애가 발생하는 기전은 (②)신경은 후두 근육을 조절하여 성문을 열어 목소리를 내게 하는데 양쪽 신경이 손상되면 후두의 양쪽 근육 마비를 초래하여 결과적으로 기도가 폐쇄가 되어 나타나는 것이다.

20 갑상선 절제술 후 초래되는 합병증으로 (①)이 발생하는 기전은 갑상샘 절제술 중 실수로 부갑상샘이 절제되면 (②)이 결핍되어 발생하는 것이다.

21 당뇨병에 이환되지 않은 사람들은 혈당이 떨어지면, (①) 분비저하, (②) 분비, 에피네프린 분비, 성장호르몬 및 코티졸의 분비가 순차적으로 일어나면서 혈당을 올려서 저혈당이 발생하지 않도록 한다. 그러나 당뇨병에 이환된 사람은 인슐린의 수요와 공급의 불균형에 의해 대사능력이 저하되어 (③)이 초래된다. 따라서 외부에서 인슐린을 투여하는데, 인슐린 투여 후 식사를 하지 않으면 (④)이 초래된다.

22 당뇨병에서 인슐린 부족으로 췌장의 (①)에서 (②)세포 파괴 또는 세포막 수용체의 인슐린 반응 저하되면 세포의 포도당 흡수·저장 장애로 (③)이 발생한다.

23 당뇨병에서 인슐린 부족으로 지방이용이 증가하면 지방대사 산물로 (①)이 형성되고 케톤은 수소이온을 형성해 (②) 불균형 발생한다.

24 당뇨병에서 인슐린 부족으로 당 공급을 위해 (①) 이용이 증가하면 (①)의 이화작용이 증가한다. 이는 (②)이 세포 내로 들어가지 못하므로 간에서 단백질이 분해되어 (②)으로 전환되고 이 (②)은 고혈당을 가중시킨다. 따라서 (③)이 에너지원으로 사용되지 않으면 신체의 지방과 단백질이 고갈된다. 이로 인해 (④)이 나타난다.

25 당뇨병 진단기준은 1) 당화혈색소 : (①)% 이상, 2) 8시간 이상 공복혈장혈당 : (②)mg/dL 이상, 3) 75g 경구포도당부하검사 후 2시간 혈장혈당 : (③)mg/dL 이상, 4) 당뇨병의 전형적인 증상(다뇨, 다음, 설명되지 않는 체중감소)과 임의혈장혈당 : (④)mg/dL 이상이며 1) ~ 4) 항목 중 한 항목이라도 해당하면 당뇨병으로 진단한다.

26 (①)는 포도당은 적혈구의 (②) 분자에 밀착한다. 2~3개월(장기적) 동안의 평균 혈당치 반영 지표이며 정상치는 (③)%이다.

27 당뇨병 혼수에 즉시 투여해야 할 인슐린은 (①)이다. 최대시간은 (②)시간이다.

28 인슐린 투약 합병증인 (①)는 인슐린의 지방합성 작용으로 섬유성 지방조직 생성되고 주사부위의 (②)이 두꺼워지는 것이다. 이는 한 부위를 반복적으로 사용할 때 발생된다.

29 소모기현상과 새벽현상을 구분하기 위해 (①)시에 혈당을 체크한다. 소모기현상은 (②)이고, 새벽현상은 (③)이다.

30 (①)이란 영양소가 비슷하고 신체에서 같은 기능을 하는 것끼리 6가지 식품군으로 나누어 묶은 표이다. 6가지 식품군은 (②), (③), (④), 지방군, 우유군, 과일군이다.

31 당뇨병 환자의 운동금기는 혈당이 (①)mg/dL 미만이거나, (②)mg/dL 이상이거나, (③)mg/dL 이상이며 혈액이나 소변에서 케톤이 확인될 때이다.

32 저혈당 시 의식이 없을 때에는 필요시 (①)을 실시하고 병원으로 후송한다. 1) (②) 검사로 (②)치 확인한다. 2) 의식 있으면, 10~20g 당질 투여한다. : 오렌지 주스 1/2~1컵, 2~3개 사탕, 설탕 4t스푼, 저지방우유 180~240mL, 3) 무의식(구강섭취×)이면 (③) 피하주사, 근육주사 / 50% 포도당 정맥주사한다.

33 당뇨병성 신증의 기전은 (①)의 지속으로 인해 미세혈관병증의 발생 결과로 신장의 (②)의 손상, 상실한다. 따라서 알부민뇨, 고혈압, 부종, 점차적으로 진행하는 (③)을 특징으로 하는 신장병이 발생한다.

34 신경은 자체 (①)을 갖고 있지 않아 세포막을 통한 확산되어 산소, 영양소를 공급받는다. 그러나 당뇨병성 신경병증은 1) 신경에 영양분을 공급하는 (②)이 두꺼워진다. 2) 슈반세포(신경교세포)의 (③)탈락으로 신경전도가 늦어진다. 3) 슈반세포(신경교세포) 내에 (④)(포도당이 전환된 당의 종류)의 축적으로 신경전도가 손상되어 발생한다.

01 ① 평활근세포 ② 유선관 ③ 자궁평활근 ④ 분만
02 ① 혈관 축소 ② 심장활동 촉진 ③ 소화관 활동 억제 ④ 동공확대
03 ① 쿠싱증후군 ② 에디슨병
04 ① 거인증, 말단비대증 ② 소인증/난쟁이
05 ① 그레이브스병 ② 갑상선기능저하증
06 ① 뇌하수체 전엽
07 ① 뇌하수체 전엽 ② 한 가지 ③ 시몬드병
08 ① 양이측반맹(양귀쪽반맹)
09 ① 항이뇨 ② 저나트륨혈증 ③ 레닌-알도스테론 분비 억제
10 ① 항이뇨 ② 원위세뇨관 ③ 집합관 ④ 저하
11 ① 증가 ② 감소
12 ① 성장호르몬 ② 유즙분비 자극호르몬 ③ 부신피질자극호르몬 ④ 갑상샘자극호르몬 ⑤ 여포자극호르몬
   ⑥ 황체화호르몬
13 ① 시각교차 ② 양이측반맹(양귀쪽반맹)
14 ① 안격막 ② 기저경막
15 ① 점액수종 ② 크레티니즘
16 ① Dalrymple ② Stellwag's ③ Graefe
17 ① Propylthiouracil ② 요오드 ③ 여러
18 ① Levothyroxine(Synthyroid) ② 소량
19 ① 호흡 ② 회귀후두
20 ① 강직 ② 칼슘
21 ① 인슐린 ② 글루카곤 ③ 고혈당 ④ 저혈당
22 ① 랑게르한스섬 ② 베타 ③ 고혈당
23 ① 케톤 ② 산-염기
24 ① 단백질 ② 포도당 ③ 탄수화물 ④ 체중감소(탈수, 수분고갈, 소변 내 칼로리 소실로 발생), 질소혈증
25 ① 6.5 ② 126 ③ 200 ④ 200
26 ① 당화혈색소 ② 헤모글로빈 ③ 5.5
27 ① Regular(RI) ② 2~3
28 ① 조직비후 ② 피하조직
29 ① 새벽 2~3 ② 저혈당 ③ 정상 또는 고혈당
30 ① 교환식이(식품교환표) ② 곡류군 ③ 어육류군 ④ 채소군
31 ① 70 ② 300 ③ 200
32 ① 심폐소생술 ② 혈당 ③ 글루카곤
33 ① 고혈당 ② 사구체 모세혈관 ③ 콩팥기능 부전
34 ① 혈관 ② 혈관벽 ③ 수초 ④ 소르비톨

2 개념 인출 학습

01 Calcitonin의 기능을 설명하시오.

02 부갑상선의 기능을 신장, 뼈, 위장관으로 나누어 설명하시오.

03 당류피질호르몬의 기능을 설명하시오.

04 인슐린의 기능을 설명하시오.

05 성상호르몬의 작용을 대사작용과 성장촉진작용으로 나누어 설명하시오.

06 성장호르몬의 분비를 감소시키는 자극으로 5가지 제시하시오.

07 항이뇨호르몬 부적절분비증후군과 요붕증의 정의를 각각 설명하시오.

08 시한증후군의 정의를 설명하시오.

09 점액수종의 정의를 설명하시오.

10 갑상선기능항진증에서 안구돌출의 기전을 설명하시오.

11 갑상선기능저하증에서 점액부종의 기전을 설명하시오.

12 갑상샘위기의 정의와 증상을 설명하시오.

13 점액수종성 혼수의 정의와 증상을 설명하시오.

14 요오드 요법의 기전과 교육지침을 설명하시오.

15 Chvostek's 증후와 Trousseau's 증후를 설명하시오.

16 당뇨병의 정의를 설명하시오.

17 제1형 당뇨병과 제2형 당뇨병의 기전과 원인을 각각 설명하시오.

18 밀월기(부분적 완해기)를 설명하시오.

19 당뇨병에서 당뇨, 다뇨, 다갈(다음)이 발생하는 기전을 각각 설명하시오.

20 당뇨병에서 다식이 발생하는 기전을 설명하시오.

21 당뇨병에서 쿠스마울 호흡이 발생하는 기전을 설명하시오.

22 공복혈당장애와 내당능장애에 대해 각각 설명하시오.

23 자가혈당검사의 장점을 2가지로 설명하시오.

24 Chlorpropamide의 작용기전과 부작용을 설명하시오.

25 Metformin의 작용기전과 부작용을 설명하시오.

26 중간형 인슐린의 NPH의 주의사항을 설명하시오.

27 인슐린 투약 시 손바닥 사이로 부드럽게 굴려야 하는 이유를 설명하시오.

28 인슐린 투약 시 주사부위 회전방법, 주요 주사부위, 주의점을 설명하시오.

29 인슐린 펌프의 정의, 장점, 적용대상을 설명하시오.

30 인슐린 투약 합병증인 조직위축의 정의와 예방법을 설명하시오.

31 소모기 현상과 새벽현상의 원인과 중재법을 각각 설명하시오.

32 교환식이(식품교환표)의 장점을 설명하시오.

33 당지수의 정의와 효과를 설명하시오.

34 제1형 당뇨병의 운동방법 지침을 설명하시오.

35 고혈당 상태에서 운동을 하면 안 되는 이유를 설명하시오.

36 저혈당 증상을 설명하시오.

37 당뇨성 케톤산증 시 불완전한 지방대사로 쿠스마울 호흡이 발생하는 기전을 설명하시오.

38 비케톤성 고삼투성 혼수의 병태생리와 주요증상을 설명하시오.

39 당뇨병의 만성합병증인 대혈관병증의 기전을 설명하시오.

40 말초신경병증의 증상과 유일한 증상 조절방법을 설명하시오.

41 당뇨환자가 발 병변이 많은 이유를 3가지로 설명하시오.

42 사코트 기형을 설명하시오.

10 신장·요로계 건강문제의 간호와 관리

영역		기출영역 분석
기능		신장의 기능 1996, 2000
		신장 기능 확인물질 1995
염증성 질환	비뇨기계 감염	비뇨기계 감염을 일으키는 가장 흔한 원인균 1996
		여성이 남성에 비해 하부요로감염이 빈번한 이유 2004, 2024
		요로감염 확진 검사명 2024
		하부요로감염을 완화시킬 수 있는 자가간호 방법 3가지 2004
		하부요로감염의 예방법 2024
급성 사구체 신염		의심 시 사정해야 할 주요내용 4가지 2007
		간호중재 2011, 체중 측정 이유 2018
		원인균 2018
신증후군		설명 1995
		병태생리와 특성 4가지, 간호진단과 진단별 간호계획 2013, 2020
요로결석		
요실금		
신부전	만성	증상, 식이관리, 추후관리 2009
	급성	증상(고칼륨혈증), 인슐린 투여 이유 2022
투석	혈액투석	혈액투석 주요 목적 2가지 2022
		혈액투석 동안 사정내용 2009
		동정맥루 관리 2013

마이-맵을 활용한 학습요점 정리

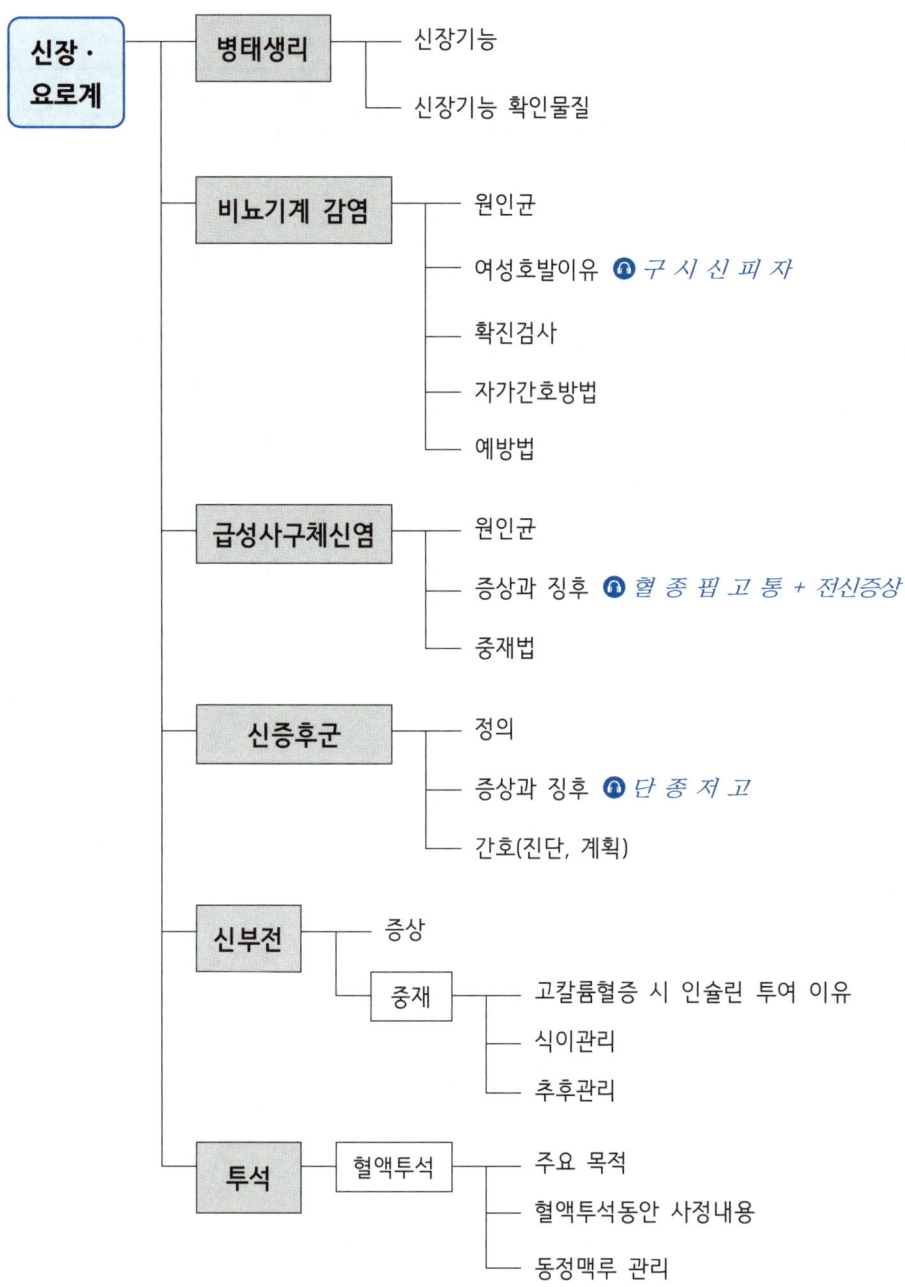

1 개념 정리 학습

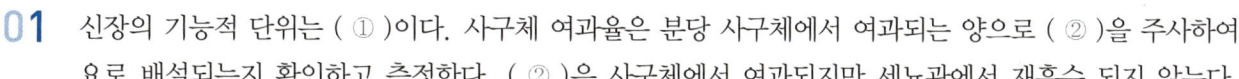

01 신장의 기능적 단위는 (①)이다. 사구체 여과율은 분당 사구체에서 여과되는 양으로 (②)을 주사하여 요로 배설되는지 확인하고 측정한다. (②)은 사구체에서 여과되지만 세뇨관에서 재흡수 되지 않는다.

02 (①), (②) 에서 알도스테론은 나트륨과 수분을 재흡수하고, ADH는 수분을 재흡수한다.

03 신장에서 혈압조절을 위해 신동맥압 감소 시 (①)을 분비한다. (①)은 angiotensinogen에 작용해 (②)으로 변화한다. (②)은 폐의 전환효소에 의해 활성도가 높은 (③)으로 변화한다. 부신피질에서 알도스테론 분비 촉진으로 (④), (⑤)에서 나트륨과 수분 재흡수가 증가하고 혈관에 직접 작용한다. 혈관을 수축시켜 혈압을 조절하고 체액량 변화가 현저한 경우에는 좌심방의 용적 수용체가 시상하부와 뇌하수체 후엽에서 (⑥)을 분비한다.

04 신장의 내분비 기능으로 췌장에서 분비된 (①)의 약 20%가 세뇨관에서 분해되고 배설된다. (②)의 합성으로 혈관을 확장한다. (③) 조혈호르몬을 생성하고, (④)를 활성화하여 장의 칼슘 흡수를 자극한다.

05 비뇨기계 감염의 가장 흔한 원인균은 (①)이다. 요로감염을 확진하기 위한 진단검사는 (②)이다.

06 요로 감염 예방으로 대변을 보고 난 후 (①)쪽에서 (②)쪽으로 닦도록 한다. 조이는 속옷을 입지 말고, (③)으로 된 속옷을 입게 한다. 충분한 (④) 섭취를 권장한다.

07 급성 사구체 신염은 (①)의 상부호흡기 감염으로 나타나며, 제(②)형 과민반응이다. 급성 사구체 신염은 항원-항체 면역복합체가 (③)에 침전·축적되고, 사구체가 커지고 (④)가 침윤된다. 그 이후 모세혈관 내경이 폐색되고 혈장의 여과가 감소되며, 수분과 염분 보유 증가로 순환성 울혈과 (⑤)이 발생된다.

08 급성 사구체 신염의 진단검사 중 혈액 검사 소견으로 (①), (②), (③), (④), (⑤)가 증가한다. 혈청학적 검사로 연쇄상구균에 대한 항체 (⑥)가 증가한다.

09 급성 사구체 신염의 약물치료는 항생제인 (①)을 10일간 투여한다. 신체 사정으로 체중, I/O, 복부둘레, V/S을 매일 같은 시간 측정하는데, 이는 (②)의 정도와 (③)상태, (④) 발생 등을 확인하기 위함이다.

10 신증후군은 범발성 (①) 손상으로 인해 (②)의 소실에 의한 임상징후를 나타내는 일련의 증후군이다. 혈액검사에서 혈청 (③)이 감소되고, 혈청 (④)은 증가된다. 소변검사에서 (⑤)가 확인된다.

11 스트레스성(복압성, 긴장성) 요실금은 갑작스런 (①) 상승으로 소변 흐름을 조절하지 못해 나타난다. 골반근육의 (②)으로 나타나며, 골반저근육 운동을 통해 (③)을 강화한다.

12 신부전의 유형 중 급성신부전은 신기능의 갑작스런 상실로 인해 치료로 회복되는 (①) 상태이다. 만성신부전은 심각한 신기능의 저하로 인해 치료로 회복되지 않는 (②) 상태이다. 말기신부전은 신장 기능의 (③)%만 남은 상태이다.

13 신부전으로 인한 고칼륨혈증 시 심전도의 변화로 T파 높이가 (①)하고, QRS 간격은 (②)된다. P파는 (③) 되고, QT 간격은 (④) 된다.

14 신부전으로 인한 고칼륨혈증의 중재로 (①)과 함께 포도당 100mL를 주입하여 포타슘을 (②)에서 (③)내로 이동시킨다.

15 혈액투석은 체외투석기를 통해 혈액 내 (①)과 (②)을 제거하고, (③)을 교정하는 것이다.

16 혈액투석의 원리 중 확산은 반투과막을 통해 (①)이 (②)에서 (③)로 이동하는 것이다. 삼투는 반투과막을 통해 (④)이 (⑤)에서 (⑥)로 이동하는 것이다.

17 복막투석 시 투석액의 pH는 (①)을 띠고 (②)압도 혈액에 비해 높아 첫 복막투석 시 복막을 자극하여 (③)을 일으킬 수 있다.

18 혈액투석 시 간호로 투석 동안 출혈성 경향이 있으므로 (①)을 자주 감시한다. 투석 동안 저혈량성 쇼크 사정을 위해 (②)를 자주 측정한다.

19 복막투석 시 투석액 투입 중에는 (①) 체위를 취해주어, 복강 내 투석액이 (②)을 압박하여 호흡을 방해하지 않도록 한다.

20 혈액투석을 위해 혈류의 흐름이 빨라야 하고 큰 혈관을 확보해야 한다. 전박의 (①)이나 (②)과 (③) 사이의 문합이 가장 흔하다. 동정맥루는 혈액 투석 (④)개월 전에 시술한다. 동정맥루 시술 후 처음 투석을 하는 중 혹은 투석 직후에 (⑤)이 발생한다.

21 투석 전 혈관통로 개존성 여부 확인을 위해 손으로 촉진하여 (①)을 느끼고 (②)을 청진한다.

22 동정맥루 관리방법으로 동정맥루 혈관 발달을 돕기 위해 수술 직후는 팔과 손의 (①)이 있으므로 팔을 심장보다 (②)시키고, 쭉 뻗은 상태를 유지한다. 수술 2일 후 (③)과 (④)이 감소한 때부터 운동을 시작한다.

01 ① 네프론 ② 이눌린
02 ① 원위세뇨관 ② 집합관
03 ① renin ② angiotensin Ⅰ ③ angiotensin Ⅱ ④ 원위세뇨관 ⑤ 집합관 ⑥ ADH
04 ① 인슐린 ② 프로스타글란딘 ③ 적혈구 ④ 비타민 D
05 ① E-coli(대장균) ② 요 배양검사
06 ① 앞 ② 뒤 ③ 면 ④ 수분
07 ① Group A β-용혈성 연쇄상구균 ② 3 ③ 사구체 기저막 ④ 다형핵 백혈구 ⑤ 부종
08 ① WBC ② ESR ③ BUN ④ Cr ⑤ NPN ⑥ ASO titer
09 ① 페니실린 ② 부종 ③ 영양 ④ 고혈압
10 ① 사구체 ② 혈장단백 ③ 알부민 ④ 콜레스테롤 ⑤ 단백뇨
11 ① 복압 ② 이완 ③ 치골미골근
12 ① 가역적 ② 비가역적 ③ 10
13 ① 증가 ② 연장 ③ 소실 ④ 단축
14 ① 인슐린 ② 혈청 ③ 세포
15 ① 노폐물 ② 수분 ③ 전해질 불균형
16 ① 용질 ② 고농도 ③ 저농도 ④ 수분 ⑤ 저농도 ⑥ 고농도
17 ① 산성 ② 삼투 ③ 통증
18 ① 응고시간 ② 활력징후
19 ① Fowler's position ② 횡격막
20 ① 요골 ② 척골동맥 ③ 요골정맥 ④ 3 ⑤ 저혈압
21 ① 진동 ② 잡음
22 ① 부종 ② 높게 상승 ③ 통증 ④ 부종

2 개념 인출 학습

01 신장의 기능 6가지를 답하시오.

02 신장에서 혈압조절을 위한 RAA 체계 기전을 설명하시오.

03 여성이 남성에 비해 하부요로감염이 빈번한 이유를 설명하시오.

04 급성 사구체 신염의 병태생리를 설명하시오.

05 급성 사구체 신염에서 혈뇨와 단백뇨가 발생되는 기전을 설명하시오.

06 신증후군의 정의를 답하시오.

07 신증후군의 병태생리를 설명하시오.

08 신증후군의 증상 및 징후를 답하시오.

09 신증후군의 진단검사 중 신장 생검의 소견을 설명하시오.

10 신부전으로 인한 고칼륨혈증의 증상을 답하시오.

11 신부전으로 인한 저칼슘혈증의 발생기전을 설명하시오.

12 혈액투석의 목적을 설명하시오.

13 혈액투석과 복막투석의 기전을 설명하시오.

14 혈액투석과 복막투석의 장·단점을 설명하시오.

15 투석불균형 증후군의 기전을 설명하시오.

16 투석불균형 증후군의 증상을 답하시오.

CHAPTER 11 남성 생식기계 건강문제의 간호와 관리

영역	기출영역 분석
병태생리	남성 생식기계의 구조와 기능
건강사정	고환검사 : 고환의 크기와 촉진 감각 [2009]
질환	양성 전립선 비대증 : 점진적 요로폐색으로 나타날 수 있는 일차적 증상 4가지 [2007]
	전립선암 : 검사(직장지두검진, 전립선 항원검사 : PSA) [2015]
	선천성 매독 — 전파경로, 증상, 예방법 [1992]
	— 허친슨 치아의 특징 [1992]

마이-맵을 활용한 학습요점 정리

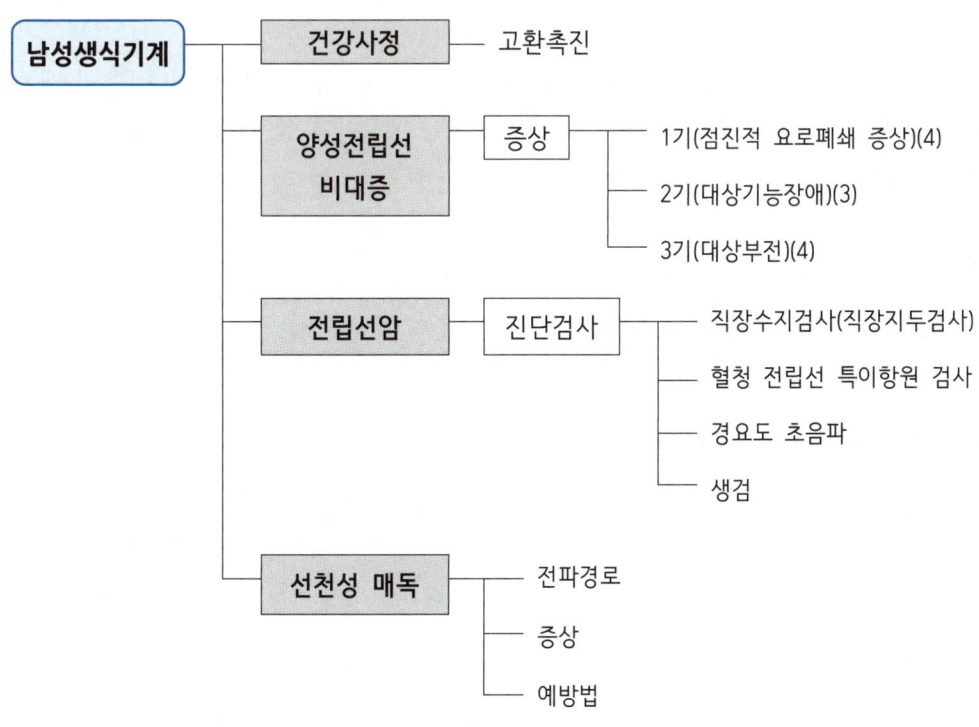

1 개념 정리 학습

01 고환은 길이 (①)cm, 폭 (②)의 크기로 난원형의 매끄러우면서도 단단한 기관이다. 고환의 기능으로 (③)라고 불리는 꼬불꼬불한 관에서 (④)를 생산하며, 남성호르몬인 (⑤)을 분비한다.

02 전립샘은 (①) 아래 (②) 부위를 둘러싸고 있는 생식샘으로, 직장벽과 밀착되어 있어 (③) 검사로 촉진이 가능하다. 전립샘의 기능으로 테스토스테론의 자극을 받아 (④)를 생성한다.

03 양성 전립선 비대증은 전립샘 (①) 수의 증가와 (②)이 비대된 것으로 (③)출구에 폐색이 발생한다.

04 양성 전립선 비대증의 원인은 (①), (②), (③)의 증가로 전립선 세포가 증식한다. (③)는 전립선에서 테스토스테론을 (④)로 전환시키는데, (④)는 일생에 거쳐 전립선의 성장과 발달을 지지하는 국소적으로 활성화된 형태의 테스토스테론이다.

05 양성 전립선 비대증의 진단검사 중 (①)을 시행하여 촉진을 통해 전립선 크기, 내칭싱, 일관성을 파악한다. 혈액검사로 전립선 특이항원인 (②)가 약간 상승된다.

06 양성 전립선 비대증의 치료약물로 (①) 억제제를 사용하여, 테스토스테론이 (②)을 생성하는 효소를 억제하여 전립선 크기를 작게 한다.

07 전립선암의 진단검사 중 (①)를 시행하여 검사자는 장갑을 끼고 검지에 윤활제를 바른 후 직장벽 전방으로 밀어넣어 전립선 후방을 촉진하여 (②), (③), (④), (⑤)을 사정한다.

08 전립선 암의 진단검사 중 혈액검사로 전립선 특이항원인 (①) 상승을 확인한다. (①)는 전립선에서 생산되는 (②)로 종양표지자이다. 전립선암이나 양성 전립선 비대증, 전립선염 등일 때 상승하며, 정상수치는 (③)ng/mL 이하이다.

09 선천성 매독은 매독에 걸린 임산부가 전염원으로 매독균이 (①)을 통해 감염되는 것이다. 초기 매독인 임부에게서 태어난 신생아는 매독균이 (①)을 통과하여 선천성 매독아가 될 가능성이 높으므로 임신 (②)개월 이전에 치료하여야 한다.

---

01 ① 3.5~5.5 ② 2~3 ③ 정세관 ④ 정자 ⑤ 테스토스테론
02 ① 방광 ② 요도 ③ 직장수지 ④ 약알칼리성 액체
03 ① 상피세포 ② 지지조직 ③ 요도
04 ① 안드로겐 ② 에스트로겐 ③ 5-α 환원효소 ④ DHT(dihydrotestosterone)
05 ① 직장지두검진(DRE) ② PSA
06 ① 5-α 환원효소 ② DHT(dihydrotestosterone)
07 ① 직장수지검사(직장지두검사) ② 크기 ③ 형태 ④ 단단한 정도 ⑤ 대칭성
08 ① PSA ② 당단백질 ③ 2.6
09 ① 태반 ② 5

2 개념 인출 학습

01 양성 전립선 비대증의 정의를 답하시오.

02 양성 전립선 비대증의 제1기 점진적 요로폐쇄 증상을 답하시오.

03 양성 전립선 비대증의 진단검사 중 직장지두검진(DRE)의 검사 결과를 설명하시오.

04 양성 전립선 비대증의 치료약물인 α-adrenergic 수용체 차단제(terazosin)의 작용기전과 부작용을 설명하시오.

05 전립선암의 진단검사 중 직장수지검사(직장지두검사)의 검사 결과를 설명하시오.

06 선천성 매독의 정의를 답하시오.

07 초기 선천성 매독의 증상을 답하시오.

08 허친슨 치아를 설명하시오.

CHAPTER 12 감각계 건강문제의 간호와 관리

12-1 눈 건강문제

영역		기출영역 분석
눈	구조와 기능	• 안구에 영양을 공급하는 혈관성 조직으로 포도막(맥락막, 모양체, 홍채)에 포함되지 않는 것 1994 • 시각전도로와 각 부위의 손상 시 나타나는 시야결손 2018
	건강사정	대광반사 2009
		안저검사 2009, 2022
		각막외상검사 2009, 2017
		시야검사 2009, 2017
		스넬렌 차트 테스트 : 검사목적, 검사방법, 결과해석 1992, 1993, 1996, 2013, 2017, 2022
	시력장애	약시의 정의 1992, 1996
	사시	검사법 1992, 2008, 2009, 2016, 2022
		사시검사 시 안구가 고정되지 않고 움직이는 이유 2016
	급성 결막염	
	유행성 각결막염 1995	
	망막박리 : 원인, 증상, 진단, 중재 2013	
	녹내장 : 위험요인, 예방법 2013	
	백내장 2025	
	황반변성 2025	
	눈다래끼 : 정의, 중재 및 관리법 1992	

마이-맵을 활용한 학습요점 정리

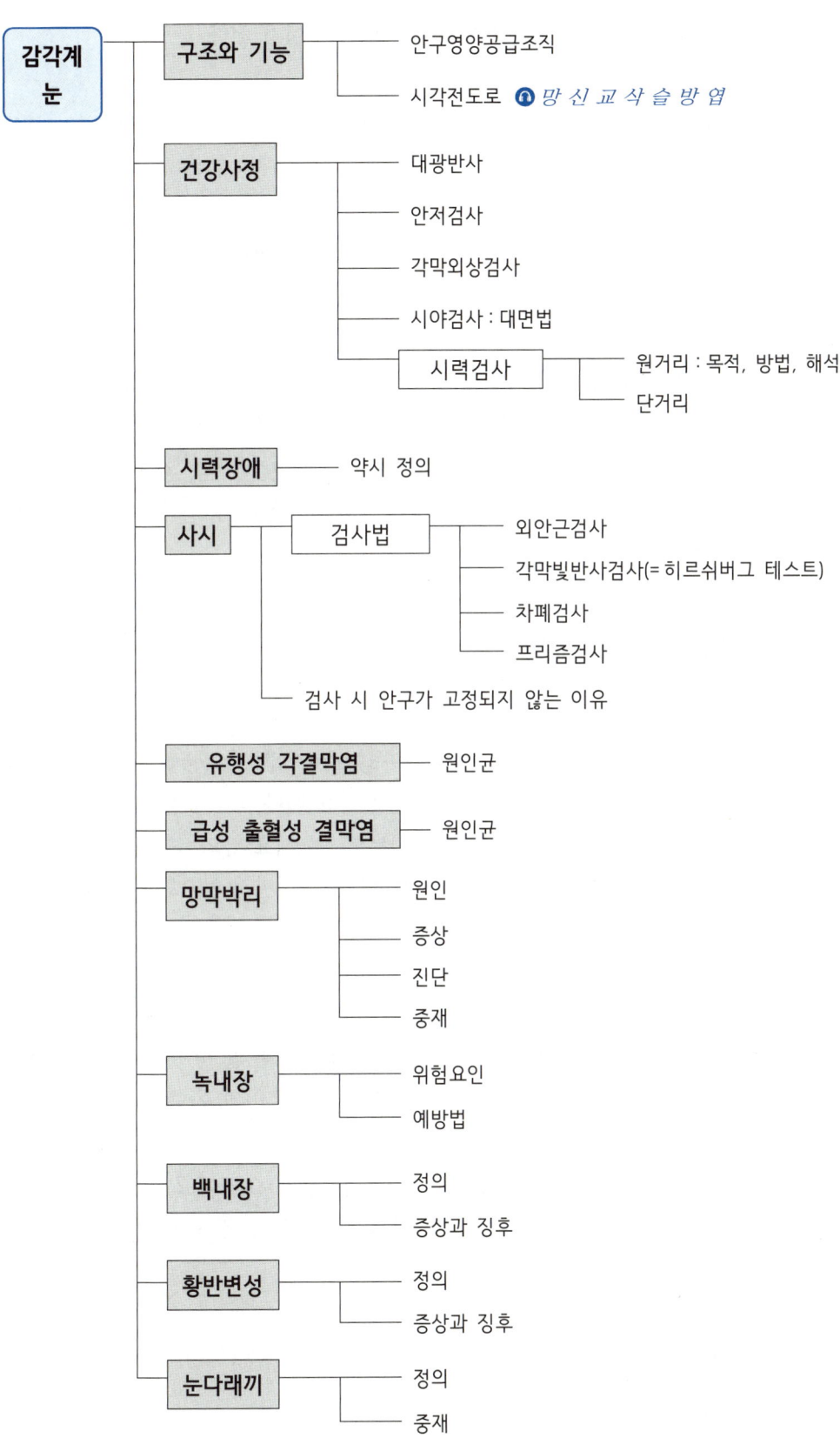

개념 정리 학습

01 안구는 외막(섬유층), 중막(포도막층), 내막으로 구성되어 있다. 외막은 (①), (②)으로 이루어지고, 중막은 (③), (④), (⑤)으로 이루어지며, 내막은 (⑥)으로 이루어져 있다.

02 홍채는 (①)의 크기와 눈에 들어오는 (②)의 양을 조절한다. 망막은 (③)을 맞추어 상을 맺어 시각을 나타낸다.

03 눈의 조절 작용으로 밝을 때 홍채는 (①)되고, 동공은 (②)된다. 어두울 때는 홍채는 (③)되고, 동공은 (④)된다.

04 망막에 맺어진 상은 대뇌 (①)의 브로드만 17영역에 투사되어 망막의 상과 같은 겉질상을 맺는다. 왼쪽·오른쪽 눈의 망막에서 모인 신호는 (②)을 통해 (③)를 이룬 다음 반대쪽의 시각로를 지나 사이뇌의 가쪽 무릎체에 들어간다. 여기서 출발한 이차신경세포는 반대쪽 눈의 관자부위에서 기원한 섬유들 중에서 교차하지 않은 섬유들과 합쳐져 (④)을 이루어 반대쪽 뒤통수엽의 시각중추로 들어간다. (⑤)를 일차 시각반사중추라고한다.

05 중심시력검사로 근거리 검사는 (①) 검사로 (②)cm 거리에서 이루어진다. 원거리 검사는 (③) 검사로 (④)m 거리에서 이루어진다.

06 원거리 시력측정 방법으로 실내조명을 일정하게 하고 시력표의 (①)이 피검자의 눈의 높이와 일치되게 설치한다. 시력표의 조명은 (②)룩스가 표준이며, 측정거리는 (③)m이다. (④) 시표부터 (⑤) 시표 쪽으로 읽게 하며, 왼쪽에서 오른쪽으로 진행한다. 읽을 수 있는 (⑥) 시표 옆의 숫자를 확인한다. 5m 거리에서 가장 큰 시표인 0.1을 식별할 수 없을 때에는 0.1이 보이는 거리까지 앞으로 (⑦)m씩 거리를 단축시켜 검사한다.

07 원거리 시력측정 시 1m 미만의 거리에서는 (①)cm 앞에서 손가락 개수를 세도록 하여 (②)로 표시한다. 위 방법으로 보이지 않는 경우에는 (③)cm 눈앞에서 손을 움직여 이를 알 수 있다면 (④)으로 기록한다. (④)도 보지 못하면 암실에서 (⑤)의 유무를 판단하여, 광각(LP)의 유무로 표시한다.

08 대광반사 검사 결과 직접대광반사는 빛을 비춘 눈의 (①)반응이 나타난다. 교감대광반사는 반대편 눈의 (①) 반응이 나타나는데, 이는 (②)에서 양쪽 시신경섬유가 교차하므로 같은 쪽과 반대쪽 동공 모두 빛에 대해 반응하는 (③) 반사가 이루어지기 때문이다.

09 주변 시야계 사용 시 정상 주변시야 범위는 상부측 (①), 비측 (②), 하부측 (③), 측부측(이측) (④)이다.

10 쉬르머 검사는 눈물 분비량을 검사하는 방법이다. 일반적으로 (①)분 동안 (②)에 종이를 끼우고 있는 동안 (③)mm 이상 종이를 적시는 눈물 양이 확인될 경우 정상으로 간주한다.

11 안저검사(검안경 검사) 중 적색반사는 검안경의 불빛이 동공을 통과하여 (①)에 반사되어서 발생한다. 적색반사 소실은 종종 검안경의 부적절한 위치 때문에 나타날 수 있지만, (②)에 의한 동공의 전체 혼탁이나 유리체의 (③)을 의미할 수 있다.

12 외안근 검사는 서로 마주보고 (①)cm 떨어져 앉고 검진자의 손가락을 (②)가지 기본주시방향으로 움직인다. 대상자가 그 방향대로 눈을 움직이는지 확인한다.

13 시력장애의 유형 중 근시는 평행관선이 망막의 (①)에 초점을 맺는 것으로 (②)거리 시력이 감퇴하며, 나안시력은 (③) 이하이다. 원시는 눈의 망막 (④)에 초점을 맺기 때문에 (⑤)거리 시력이 감퇴하며, 나안시력은 (⑥) 이상이다.

14 사시는 (①)세 이전에 치료하면 정상시력을 회복, 유지할 수 있다. (②)눈에 안대를 하여 (③)눈 근육의 힘을 길러준다.

15 유행성 각결막염의 원인은 (①)이고, 급성 출혈성 결막염의 원인은 (②)이다.

16 망막박리는 망막과 공막 사이에 위치하며, 혈관들이 존재하는 치밀막인 (①)에서 (②)이 분리되는 것이다. 시야에 (③)나 (④) 쳐져 있는 것 같은 느낌으로, 한쪽 눈의 시야가 흐리고 점점 악화된다. 확진 검사는 (⑤) 검사에서 박리된 부분은 적분홍의 정상 색과 달리 푸른빛을 띄는 회색으로 보인다.

17 녹내장은 모양주, 슐렘관의 폐쇄로 (①)이 안 되어 (②)이 상승되고 망막세포와 시신경의 위축을 가져와 (③) 및 (④)을 가져온다.

18 백내장은 (①)가 혼탁해지고 그 결과 시력감소, 상실을 초래한다. 검안경 검사 시 (②)가 뒤틀리거나 없다.

19 노인성 황반변성은 주로 65세 이상에서 (①)과 주위 조직에 위축성 변성이 나타나면서 (②)이 상실되는 것이다.

01 ① 각막 ② 공막 ③ 맥락막 ④ 모양체 ⑤ 홍채 ⑥ 망막
02 ① 동공 ② 광선 ③ 초점
03 ① 이완 ② 축소 ③ 수축 ④ 확대
04 ① 후두엽 ② 시각신경 ③ 시각교차 ④ 시각부챗살(시방사) ⑤ 중간뇌
05 ① 로젠바움 ② 35 ③ 스넬렌 ④ 6
06 ① 1.0 ② 200~500 ③ 6 ④ 큰 ⑤ 작은 ⑥ 최소 ⑦ 1
07 ① 50 ② FC ③ 30 ④ 수지운동(HM) ⑤ 광선
08 ① 동공수축 ② 시신경교차 ③ 공감성
09 ① 50°(60°) ② 60° ③ 70° ④ 90°
10 ① 5 ② 하안검 ③ 10
11 ① 망막세포 ② 백내장 ③ 출혈
12 ① 30 ② 6
13 ① 전방 ② 원 ③ 0.7 ④ 뒤 ⑤ 근 ⑥ 2.0
14 ① 6 ② 정상 ③ 환측
15 ① Adeno-virus ② Entero-virus
16 ① 맥락막 ② 망막 ③ 그림자 ④ 커튼 ⑤ 안저
17 ① 방수유출 ② 안압 ③ 시야결손 ④ 시력상실
18 ① 수정체 ② 적반사
19 ① 황반 ② 중심시력

2 개념 인출 학습

01 시각전도로 순서를 답하시오.

02 스넬렌 검사에서 분자와 분모의 의미를 설명하시오.

03 대광반사의 검사방법을 설명하시오.

04 대면법의 검사방법을 설명하시오.

05 안저검사(검안경 검사)의 검사방법을 설명하시오.

06 차폐검사의 검사방법과 정상, 비정상 소견을 설명하시오.

07 약시의 정의를 답하시오.

08 사시의 정의를 답하시오.

09 망막박리 시 섬광과 눈앞의 부유물이 발생하는 이유를 각각 설명하시오.

10 백내장의 정의를 답하시오.

11 노인성 황반변성이 있는 사람에서 나타날 수 있는 암슬러 격자 모양에 대해 설명하시오.

12-2 귀 건강문제

영역		기출영역 분석
귀	구조와 기능	귀의 구조와 기능
	건강사정	음차를 활용한 청력검사 결과 골전도가 공기전도보다 오래 지속 시 예상되는 장애 2004
		웨버검사와 린네검사 방법, 웨버검사와 린네검사의 정상소견 1992, 2004, 2015
	난청	전음성 난청 1992 , 전도성 장애가 발생하는 원인 4가지 2004
		내이신경이나 뇌신경의 신경전도 장애가 있을 때 발생하는 난청 유형 1995
		중추성 난청
	중이염	급성 중이염 증상 1993 , 급성 중이염의 원인/예방법/치료 및 추후관리 2012
		만성 중이염 1993
		합병증 1996
	메니에르병	
	이경화증	

마이-맵을 활용한 학습요점 정리

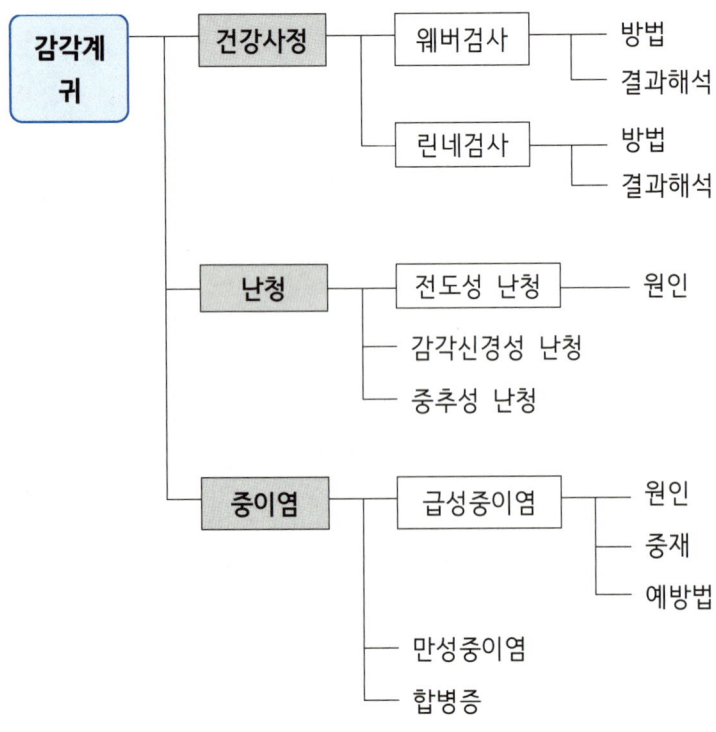

1 개념 정리 학습

01 귀는 외이, 중이, 내이로 구성되어 있다. 외이는 (①), (②), (③)로 이루어지고, 중이는 (④), (⑤), (⑥), (⑦)과 (⑧)으로 이루어지며, 내이는 (⑨), (⑩), (⑪), (⑫)으로 이루어져 있다.

02 이관은 유스타키오관이라고 하며, (①)와 (②)를 연결시켜주는 35mm관이다. 비강쪽 입구는 평상시에는 닫혀 있고, 하품할 때나 연하 시에는 열린다.

03 이경검사 방법으로 이개를 성인은 (①), 아동은 (②)으로 잡아당겨 (③)가 직선이 되도록 하여 검사한다.

04 Weber test(편기검사)의 방법으로 음차 손잡이를 잡고 (①)를 손바닥에 쳐서 진동시킨다. (②) 중앙 또는 (③)의 전방부분의 중앙에 갖다댄다. 어느 쪽 귀로 소리가 크게 들리는지 확인한다.

05 Weber test(편기검사)의 결과로 정상 청력은 양쪽에서 똑같이 들린다. 전도성 난청은 (①) 귀에서 더 잘 들리고, 감각신경성 난청은 (②) 귀에서 더 잘 들린다.

06 Rinne test(린네검사)의 방법으로 음차 손잡이를 잡고 (①)를 손바닥에 쳐서 진동시킨다. 대상자의 (②)에 댄다. 소리가 들리지 않을 때 (③) 시간을 측정한다. 음차의 갈라진 부분을 (④) 앞으로 옮긴다. 더 이상 소리가 들리지 않는 (⑤)을 확인한다.

07 Rinne test(린네검사)의 결과로 정상 청력은 AC : BC = (①) : (②)이다. 전도성 난청은 (③)가 (④)보다 오래 걸린다. 감각신경성 난청은 AC : BC ≥ (⑤) : (⑥)이고, AC가 BC보다 (⑦)배 이상 길게 들리지만 정상 귀의 전도시간보다는 전체 듣는 시간이 짧다.

08 초시계 검사는 (①) 결손을 확인하기 위해 실시하는 것으로, 검사하려는 대상자의 반대쪽 귀를 막고 그 귀로부터 (②)cm 내에 초시계를 댄 후 청력을 확인한다. 속삭임 검사는 (③) 결손을 확인하기 위해 실시하는 것으로, 대상자는 검사하려는 자신의 반대쪽 귀를 막게 한 후 대상자의 (④)cm 뒤에 서서 작은 소리로 말한 것이 들리는지 확인한다.

09 온도안진검사의 정상 소견으로 (①)를 주입한 경우에는 주입한 쪽으로 안구가 옮겨온 뒤 반대쪽으로 안진이 발생하고, (②)를 주입한 경우에는 주입하지 않은 쪽으로 안구가 편위된 후에 (②)를 주입한 쪽으로 안진이 발생한다.

10 Romberg 검사는 (①)의 평형상태를 검사하기 위해 눈을 감고 두 팔을 양 옆으로 붙인 뒤, (②)초 동안 똑바로 서게 한다. 정상 소견은 약간의 흔들림은 있을 수 있으나, (②)초 동안 설 수 있고, 비정상 소견은 넘어지지 않기 위해 발을 따로 움직이거나 흔들린다.

11 전도성 청력장애는 (①)나 (②)의 문제로 인해 (③)까지 음을 전달하는 데 장애가 나타나는 것이다. 감각신경성 청력장애는 (④) 또는 (⑤)로 음파가 (⑥)에 전달되지 않는 것이다.

12 혼합성 난청은 (①) 난청과 (②) 난청이 동시에 존재하는 청력의 손상으로 선천적 혹은 후천적으로 발생한다. 중추성 청력장애는 (③) 자극을 해석하지 못하는 난청으로 종양이나 뇌혈관의 장애로 유발된다. (③) 기능은 정상이지만 무슨 말인지 이해하지 못하여 난청이 된다.

13 중이염은 (①)개월~(②)세까지 호발하고, (②)세 이후 급격히 감소한다. 생후 (③)개월 이상 모유수유를 권장하고, 모유수유 시 모유 속에 함유된 (④) 성분이 유스타키오관과 중이점막을 병원체로부터 보호해준다. 담배연기는 (⑤)을 자극하여 중이염을 유발한다.

14 급성 중이염 치료 후 치료효과를 확인하기 위해서 치료를 마친 후에도 병원에 방문하여 귀 검진을 받아야 한다. 확인 항목으로 고막의 (①) 여부를 확인하고, 청력 (②) 유무를 확인한다.

15 메니에르병은 (①)의 확장과 (②)의 양이 증가된 질환이다. 내이의 장애로 전정과 삼반규관의 막미로 안에 (②)의 과다한 생산이나 흡수장애로 (②)의 양이 증가하여 발생한다. 3대 증상으로 (③), (④), (⑤)이 나타난다.

---

01 ① 귓바퀴(이개) ② 외이도 ③ 유양돌기 ④ 고막 ⑤ 이관 ⑥ 이소골 ⑦ 난원창 ⑧ 정원창 ⑨ 반고리관(삼반규관) ⑩ 와우 ⑪ 전정 ⑫ 코르티기관
02 ① 비인두 ② 중이
03 ① 후상방 ② 후하방 ③ 외이도
04 ① 음차 ② 이마 ③ 두정엽
05 ① 난청 ② 정상
06 ① 음차 ② 유양돌기 ③ 골전도 시간(BC) ④ 귀 ⑤ 공기전도 시간(AC)
07 ① 2 ② 1 ③ BC ④ AC ⑤ 2 ⑥ 1 ⑦ 2
08 ① 고음 ② 13 ③ 저음 ④ 30~60
09 ① 냉수 ② 온수
10 ① 내이 ② 20
11 ① 외이 ② 중이 ③ 내이 ④ 청신경 ⑤ 청각중추장애 ⑥ 청피질
12 ① 전도성 ② 감각신경성 ③ 청각
13 ① 6 ② 2 ③ 6 ④ 면역 ⑤ 유스타키오관
14 ① 운동성 ② 상실
15 ① 막미로 ② 내림프액 ③ 이명 ④ 감각신경성 난청 ⑤ 현훈

2 개념 인출 학습

01 Weber test(편기검사)와 Rinne test(린네검사) 방법을 설명하시오.

02 Weber test(편기검사)와 Rinne test(린네검사) 결과를 설명하시오.

03 전도성 난청과 감각신경성 난청의 원인을 답하시오.

04 3세 이하 영유아의 유스타키오관의 특징을 설명하시오.

05 급성 중이염의 3단계를 제시하고, 단계에 따른 증상과 징후를 답하시오.

06 모유수유가 중이염을 예방할 수 있는 이유를 설명하시오.

07 메니에르병의 정의를 답하시오.

12-3 피부 건강문제

영역		기출영역 분석	
피부계	피부의 구조와 기능 2015 지문		
	건강사정	1차 발진에 속하는 피부발진 1995	
	바이러스성 감염증	바이러스성 전염병 종류 1996	
		대상포진	원인, 역학적 특성, 증상과 징후, 후유증, 관리, 예방법 1992, 2013
	세균성 감염증	농가진 1992, 2011, 2013	
		절종, 독종, 절중증	
		봉와직염(= 연조직염) 2013	
	진균감염	백선증, 칸디다증	
	기생충 감염증	머릿니 2011	
		옴 1993	
	습진성 피부염	영아습진 원인 1996	
		아토피성 피부염 : 진단기준 / 간호문제 / 간호중재 2009 기입형, 2차주관식 , 진단에 활용할 수 있는 혈청검사 항목/태선화/로션도포 이유 2021	
	염증성 질환	여드름(심상성 좌창) 2020	
	수포성 질환	천포창	
	피부암		

마이-맵을 활용한 학습요점 정리

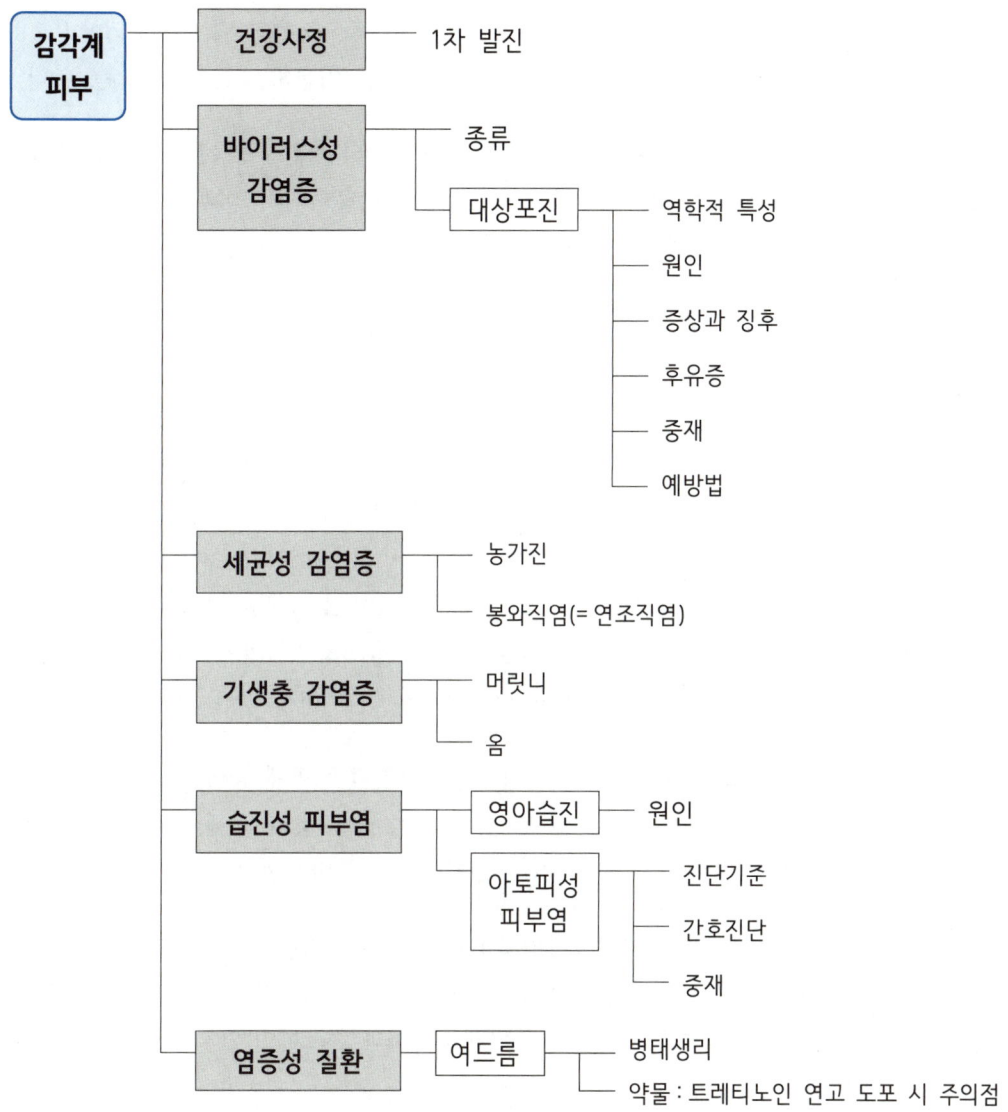

CHAPTER 12. 감각계 건강문제의 간호와 관리

1 개념 정리 학습

01 피부는 (①), (②), (③)으로 구성된다. 랑게르한스세포는 이물질 (④) 작용과 림프구에 의한 (⑤)반응을 자극한다. 지방조직은 뼈 돌출 부위에 (⑥) 역할을 하며, 추위를 차단하는 (⑦) 효과를 준다.

02 피부의 1차 병변으로 (①)은 1cm 미만으로 편평하며, 색소 변화가 나타난다. (②)은 1cm 이상으로 편평하며 불규칙한 모양의 반점이다. (③)은 0.5cm 미만으로 단단하게 융기되며 경계가 뚜렷하다. (④)은 융기되어 있으며 직경이 다양하며 불규칙한 모양이다. (⑤)은 0.5~2cm으로 융기되어 있으며, 구진보다 깊고 단단하다. (⑥)은 1~2cm보다 크고, 융기되어 있으며 단단하다. (⑦)는 0.5cm보다 작게 융기되어 있으며 장액성 체액으로 이루어져 있다. (⑧)는 0.5cm보다 큰 소수포이다. (⑨)는 크기 상관없이 농으로 채워져 있다.

03 피부의 2차 병변으로 (①)는 약간 융기되어 있으며 크기, 색깔이 다양하고 혈액, 농, 혈청이 말라있다. (②)은 불규칙하고 크기, 색깔이 다양하며 비늘박리조각으로 이루어져 있다. (③)는 지속적 문지름과 피부자극 후 표피가 두꺼워지고 거칠고 두터운 피부 상태이다. (④)는 건조하고 습한 환경으로 표피부터 진피까지 선형으로 생긴 틈새이다. (⑤)은 수포가 터짐으로 표피가 소실되고 함몰되며 습한 상태이다. (⑥)은 상처 이후 피부에 남은 흔적이다. (⑦)은 표피와 진피(피하조직까지도)까지 움푹 패이고 삼출물이 있는 상태이다. (⑧)은 표피와 진피가 얇아져서 생기는 피부 함몰 상태이다.

04 바이러스성 감염 중 사마귀는 피부 또는 점막에 (①) 바이러스 감염이 표피에 증식을 초래하는 질환이다. 단순포진은 (②)가 원인으로, 1차 감염 후 바이러스는 (③)을 타고 올라가 체내 신경절에 잠복해 있다가 면역력이 저하되면 피부의 감각신경 경로를 따라 옮겨다니면서 반응한다.

05 대상포진은 (①) 바이러스의 재활성화로, 바이러스가 (②)이나 (③)에 비활성으로 존재하다가 면역이 억제되었을 때 활성화된다. 진단검사는 (④) 검사로 수포를 터트려서 검사물을 얻은 후 슬라이드에 얹어 실온에서 건조시킨 후 메탄올로 고정한 후 염색하여 다핵성거대세포를 확인한다. 치료제는 (⑤)를 투여하여 치유를 도와 급성 통증을 완화시킨다.

06 농가진은 (①), (②) 등 다양한 세균이 원인이 되는 피부의 표면적 감염이다. 몸, 얼굴[주로 (③)와 (④)주위], 손, 목, 사지 등 노출된 부위가 가장 쉽게 감염되는 부분이다. 전염성이 있어 병변을 만지거나 긁은 후 다른 부위를 만지면 (⑤)감염이 발생한다.

07 봉와직염(연조직염)은 (①)와 (②)에 국한된 세균성 감염으로, 흔한 발병원인은 (③), (④)이다. 세균과 직접 접촉하거나 오염된 기구에 의해 전파되며, 작은 외상 후 1~2일째 나타난다.

08 머릿니 기생증에서 알(서캐)은 암컷이 두피에 하루에 4~10개의 알을 낳는다. 밤에 낳으며 따뜻한 환경을 요구하기 때문에 머리카락 줄기부위나 두피 가까운 곳[(①), (②) 쪽에 알이 많음]에 낳는다. 머릿니는 수명은 (③)일이나 사람의 몸에서 떨어진 이는 (④)일 정도면 죽지만 알(서캐)은 (⑤)일 이상 생존 가능하다.

09 옴은 (①)라는 기생충성 진드기 종류에 의해서 생기는 전염성 피부질병이다. 옴이 접촉된 지 약 (②)주 후 나타나며, (③)에 심해지는 전신소양증이 특징이다.

10 아토피 피부염은 알레르기 유전 경향이 있는 사람에게 만성으로 재발하는 소양증 피부질환이다. 특정 알레르기원에 노출 시 (①) 수치 증가와 호산구, 단핵구, 호중구 침윤으로 인한 염증반응 발생으로 (②) 등 염증산물이 분비되어 부종, 홍반, 소양증 등을 초래한다.

11 아토피 피부염의 주진단기준은 3개 중 (①)개 이상으로, 아토피 (②)력, 가려움증, 특징적인 피부염의 (③) 및 (④)이다. 2세 미만은 얼굴, 몸통, 팔다리 (⑤) 부위의 습진이 나타난다. 2세 이상은 얼굴, 목, 사지 (⑥) 부위의 습진이 나타난다.

12 아토피 피부염 간호로 치유를 위해 드레싱이나 차단성 연고 같은 (①)가 있는 환경을 제공한다. 목욕 후 두드려서 물을 제거한 후(물을 완전히 제거하지 않고, 대충 닦아내기), 즉시 (②)나 (③)을 발라 피부 수분을 유지한다.

13 여드름은 고농도의 (①) 분비로 (①)선이 폐쇄되며 생기는 질환이다. 발생에 가장 큰 영향을 미치는 요인은 과도한 (①) 생산, (②) 형성, (③)의 과성장이다.

14 여드름에서 모낭 내 상주균 중 propionibacterium acnes는 (①)을 분해하여 유리지방산을 형성하는데 이 지방산은 피지를 싸고 있는 (②)을 깨뜨리고 염증반응을 일으켜 (③) 등의 염증세포를 불러 모으게 하고, 그 결과 면포가 구진, 농포, 결절, 낭종 등으로 변화하게 된다.

15 천포창은 피부와 점막에 (①)를 형성하는 만성 물집질환으로, 면역글로불린 (②)항체가 유발하는 자가면역 질환이다. 진단검사는 (③)검사로, (④)세포가 분리되면 천포창을 진단한다. 증상으로는 표피가 경미한 마찰이나 부상에 의해 벗겨지는 (⑤) 징후가 특징이다.

---

01 ① 표피 ② 진피 ③ 피하지방조직 ④ 식균 ⑤ 면역 ⑥ 쿠션 ⑦ 단열
02 ① 피진(반점) ② 반 ③ 구진 ④ 팽진 ⑤ 결절 ⑥ 종양 ⑦ 소수포 ⑧ 대수포 ⑨ 농포
03 ① 가피 ② 인설 ③ 태선화 ④ 열구, 균열 ⑤ 미란 ⑥ 반흔 ⑦ 궤양 ⑧ 위축
04 ① 인유두종 ② herpes simple virus ③ 말초신경
05 ① 수두 ② 척수후근 ③ 뇌신경절 ④ Tzanck 도말 ⑤ 항바이러스제(acyclovir)
06 ① 포도상구균 ② 연쇄상구균 ③ 코 ④ 입 ⑤ 자가
07 ① 진피 ② 피하조직 ③ 포도상구균 ④ 화농성 연쇄상구균
08 ① 귀 뒤 ② 뒤통수 ③ 30 ④ 2 ⑤ 1주
09 ① 옴진드기 ② 4 ③ 야간
10 ① IgE ② 히스타민
11 ① 2 ② 가족 ③ 모양 ④ 부위 ⑤ 펼쳐진(신측부) ⑥ 안쪽 접힌(굴측부)
12 ① 습기 ② 연고 ③ 크림
13 ① 피지 ② 면포 ③ 상재균(P.acnes)
14 ① 중성지방 ② 모낭벽 ③ 호중구
15 ① 수포 ② G ③ 챙크 ④ 가시 ⑤ 니콜스키

2 개념 인출 학습

01 피부의 기능을 답하시오.

02 대상포진의 병태생리를 설명하시오.

03 대상포진의 선행증상과 합병증을 답하시오.

04 대상포진의 병소가 신체 반대편에 나타나지 않는 이유를 설명하시오.

05 머릿니 기생증의 직접전파와 간접전파 경로를 답하시오.

06 머릿니 기생증에서 가려움증이 유발되는 이유를 설명하시오.

07 옴진드기의 감염경로를 답하시오.

08 옴진드기로 인해 가려움증이 유발되는 이유를 설명하시오.

09 아토피 피부염 진단검사 중 피부단자검사를 설명하시오.

10 아토피 피부염의 주진단기준을 설명하시오.

11 여드름의 발생기전을 설명하시오.

12 여드름의 치료약물인 각질용해제(트레티노인)의 사용 시 주의사항을 설명하시오.

13 피부병변 악성여부를 확인하는 ABCDE 법의 항목을 답하시오.

저 자
임수진

경희대학교 간호학 박사
경희대학교 보건학 석사
경희대학교 간호학 학사

현 G스쿨 보건교수
경희대학교 교육대학원 출강

전 경희대학교 간호학과 겸임교수
삼육대학교 간호학과 겸임교수
윌비스 임용고시학원 보건교수
희소고시학원 보건교수

저서 임수진 보건임용 이론서(1~4권)
임수진 보건임용 기본이론 복습노트(1~4권)
임수진 보건임용 기출분석 완전학습(1, 2권)
임수진 보건임용 임수진 마이맵
임수진 보건임용 쏙쏙 암기노트(e-book)
임수진 보건임용 DSM-5-TR
임수진 전공보건 1~4(이론서+기출응용편)
임수진 전공보건 암기카드
임수진 전공보건 단권화 노트 기출분석편(1, 2권)
임수진 전공보건 단권화 노트 기출응용편(1, 2권)

임수진 **보건임용**
기본이론 복**습노트 [3]**

인 쇄	2025년 2월 13일
발 행	2025년 2월 19일
편저자	임수진
발행자	윤록준
발행처	B T B
등 록	제2017-000090호
주 소	서울 동작구 보라매로 19길 8
전 화	070-7766-1070
팩 스	0502-797-1070
가 격	8,000원
ISBN	979-11-94690-00-9 13510

ⓒ 임수진, 2025
• 낙장이나 파본은 교환해 드립니다.
• 이 책의 무단전재 또는 복제행위는 저작권법 제136조에 의거하여 처벌을 받게 됩니다.